GESTÃO
INTEGRAL

Dados Internacionais de Catalogação na Publicação (CIP)
(Câmara Brasileira do Livro, SP, Brasil)

Cardoso, Marcelo Lopes
  Gestão integral : consciência e complexidade nas organizações / Marcelo Lopes Cardoso ; ilustração Ricardo Ferrer. – 1. ed. – Goiânia, GO : Vida Integral : Editora Vozes, 2021.

  1ª reimpressão, 2021.

  ISBN 978-65-990987-2-7 (Editora Vida Integral)
  ISBN 978-65-5713-250-0 (Editora Vozes)

  1. Administração de empresas 2. Cultura organizacional 3. Desenvolvimento humano 4. Gerenciamento de pessoas I. Ferrer, Ricardo. II. Título.

21-67323   CDD-658.3

Índices para catálogo sistemático:
1. Gestão : Desenvolvimento humano : Administração 658.3

Aline Graziele Benitez – Bibliotecária – CRB-1/3129

GESTÃO INTEGRAL

CONSCIÊNCIA E COMPLEXIDADE NAS ORGANIZAÇÕES

MARCELO CARDOSO

Petrópolis

Copyright ©2021 Marcelo Cardoso
Copyright da edição brasileira ©2021 Editora Vida Integral Ltda
Publicado mediante acordo com o autor.

Todos os direitos reservados. Nenhuma parte desta obra poderá ser produzida ou transmitida por qualquer forma e/ou qualquer meios (eletrônico ou mecânico, incluindo fotocópia e gravação) ou arquivada em qualquer sistema ou banco de dados sem permissão escrita da editora.

Produção Editorial
Editora Vida Integral

Impressão
Editora Vozes

Capa
Convés Criativo e Ricardo Ferrer

Diagramação e Ilustração
Ricardo Ferrer

Revisão
Luciano Alves Meira e Ivana Traversim

Editado conforme o novo acordo ortográfico.

Editora Vida Integral
Goiânia/GO,
Telefone: (62) 98119 0075
contato@caminhosvidaintegral.com.br
www.editoravidaintegral.com.br

Editora Vozes Ltda.
Rua Frei Luís, 100
25689-900 Petrópolis, RJ
www.vozes.com.br

SUMÁRIO

Página 15 .... **Introdução:** *Ponto de Partida para a Conversa*

Página 27 .... **Capítulo 1:** *A Gestão nas Organizações — A Evolução em Estágios e o Contexto Atual*

Página 47 .... **Capítulo 2:** *O Metamodelo Integral de Gestão — Suas Dimensões e Formas de Implementação*

Página 71 .... **Capítulo 3:** *Um Mapeamento de Nós — A Visão Sistêmica nas Organizações*

Página 103 .... **Capítulo 4:** *O Framework de Metaimpacto — Usando o projeto MultiCapital para criar Negócios Integrais — por Sean Esbjörn-Hargens*

Página 133 .... **Capítulo 5:** *Vivências — Alguns relatos sobre aplicações práticas do Metamodelo*

Página 151 .... **Capítulo 6:** *Consultoria e Facilitação — Um Guia Prático*

Página 187 .... *Bibliografia | Referências*

PREFÁCIO

UM MERGULHO NO SER
por Newton Branda

Em 2018, Marcelo Cardoso convidou-me para colaborar na elaboração de um livro sobre seu trabalho de construção e aplicação do **Metamodelo Integral de Gestão** nas organizações. Em uma manhã de outono, nos reunimos em um café na Alameda Lorena na cidade de São Paulo. Ele me falou sobre os materiais e as referências que tinha e discutimos a possibilidade de catalisar décadas de estudo e prática em um texto. A experiência, além do grande prazer que é encontrá-lo e ouvir as sempre instigantes considerações do Marcelo sobre a vida em suas múltiplas dimensões, teve um interessante sabor de *déjà-vu*. Garanto que não foram os pequenos biscoitos em formato de concha que vieram com o expresso, mas, sim, o resgate vívido da minha memória de uma mesma situação que tínhamos vivido há mais de 15 anos.

Foi pouco depois de minha saída da Editora Globo, onde atuei por mais de sete anos como diretor de redação na revista *Casa & Jardim*, que recebi uma ligação de Marcelo. Ele acabara de ler o livro *A Disciplina e a Arte da Gestão das Mudanças nas Organizações*, de autoria da empresa Mandelli Consultores Associados, Editora Campus, para a qual eu tinha contribuído, e queria me conhecer para estruturarmos juntos uma publicação que contasse sua história à frente do projeto de construção e presidência do Hopi Hari, grande parque temático no interior do Estado de São Paulo que havia sido controlado pela GP Investimentos desde a aquisição da Playcenter S/A em 1996 (interessante *case* relatado naquela obra). O livro, infelizmente, não se concretizou ainda, mas foi o começo de uma bela amizade.

Foi por meio da orientação e mentoria de Marcelo que passei por uma das mais profundas e transformadoras jornadas da minha vida. Eu vinha de uma experiência profissional de relativo sucesso, tendo ocupado a posição de editor e diretor de algumas das maiores publicações do país e estava me sentido totalmente desmotivado com meu trabalho, inclusive essa foi uma das razões que provocaram meu desligamento da Editora Globo. Apesar de ter trabalhado com temas muito instigantes por mais de 15 anos, como artes plásticas, literatura, *design*, teatro e cinema, sempre escrevi para um mesmo público: a classe AAA, também chamada de Triple A, ou, com mais humor, de "A gargalhada". Não me sentia mais desafiado e não via sentido ou propósito em minha carreira. Foi nesse momento que conheci Marcelo e fui convidado a participar das atividades do Instituto Evoluir, a fim de conhecer a Abordagem Integral, teoria elaborada pelo pensador estadunidense Ken Wilber, que havia sido aplicada nas fases de treinamento e integração dos colaboradores pouco antes da inauguração do Hopi Hari. O Instituto Evoluir é uma organização de mais de 30 anos, localizada na capital paulista, que favorece o desenvolvimento integral do ser humano em seus aspectos físicos, mentais, emocionais e transcendentais. A ideia era eu me aprofundar na metodologia por meio de entrevistas com pessoas que participaram ativamente desse processo, a exemplo da psicóloga Del Mar Franco, fundadora do Instituto Evoluir, e o conferencista, orador e escritor Reynaldo Leite, entre vários outros indivíduos que colaboraram no início das atividades do referido parque.

Não me limitei a entrevistar as pessoas e a colher depoimentos. Acabei me interessando tanto pela Abordagem Integral que me dediquei totalmente às práticas terapêuticas do instituto. Comecei a fazer terapia de grupo e a sentir na própria pele o poder de conscientização e evolução que a Prática Integral pode oferecer. Foi uma experiência tão transformadora para mim que não só alterei a forma de ver o mundo como descobri um novo propósito para minha vida e meu trabalho. Foi um mergulho vertiginoso do alto dos pseudopilares materiais, nos quais meu ego de editor "famoso" vaidosamente se colocava para uma nova realidade mais concreta e conectada com meus valores, cuidadosamente resgatados da minha história de vida e das minhas experiências psicológicas mais profundas. Um salto de fé que me fez emergir uma pessoa muito mais completa, generosa e feliz.

A partir dessa nova conexão com a realidade proporcionada pela Abordagem Integral, percebi a abrangência e o poder de transformação que a metodologia poderia oferecer. Observando essa minha nova consciência sobre mim mesmo e o mundo, Marcelo entendeu que eu poderia colaborar com seus clientes em transição de carreira na consultoria DBM do Brasil, onde acabara de assumir a presidência em 2004. Talvez a maioria de vocês saiba a dor que é perder um emprego e as várias dificuldades que enfrentamos até superar esses momentos em nossa vida. Baixa autoestima, ansiedade, vergonha, raiva, sensação de perda de papel social e familiar e muitas outras emoções são parte do dia a dia de vários indivíduos que são desligados involuntariamente de seu trabalho. Passam por uma verdadeira montanha-russa de experiências que consideram extremamente ruins sem poder enxergar o horizonte temporal de quando esse momento de incertezas acabará. Foi para apoiar pessoas em transição de carreira que Marcelo me convidou para atuar na DBM do Brasil.

A experiência foi extremamente profunda e gratificante. Utilizando os conceitos que havia aprendido sobre a Abordagem Integral, passei a colaborar no processo de recolocação profissional dos clientes da consultoria no estágio de elaboração de currículo. Ouvia a história de cada um e, com base na nova lógica que havia aprendido e nas competências jornalísticas, criava cada currículo como se fosse um espelho, em que o profissional pudesse se olhar e gostar do que via, recuperando assim parte de sua autoestima e revendo sua história profissional (e pessoal) de uma nova perspectiva, mais Integral. É claro que essa minha participação na DBM era muito pequena se comparada à profunda mudança que Marcelo havia realizado na companhia. Ele tinha reestruturado todos os processos de atendimento aos indivíduos e às empresas da consultoria para o Modelo Integral. Questões como identificação e alinhamento com Propósito de Vida, Valores, Sombra, Níveis de Consciência e reconhecimento de elementos mais sutis nas relações humanas, como os realizados pelas Constelações Sistêmicas — todos esses interessantes e fundamentais elementos estão muito bem apresentados neste livro — foram se tornando práticas usuais e os grandes diferenciais de qualidade nos trabalhos da consultoria. Todos os colaboradores que trabalhavam na DBM, alguns dos profissionais de mais aguda inteligência, sensibilidade e competência que já conheci, passaram a atuar dentro do modelo proposto por Marcelo, e os resultados com os clientes (empresas e pessoas) foram excepcionais. Lembro-me de que o processo de autoconhecimento e confiança entre os consultores se tornou tão profundo que Marcelo entendeu que seria possível construirmos um espaço de aprendizado, crescimento e resolução de conflitos no qual só falássemos a verdade absoluta uns aos outros. A essas reuniões mensais demos o nome de "O Indizível". A experiência foi tão intensa e reveladora que, até hoje, me sinto imensamente conectado com alguns dos colegas consultores daquela época.

Os efeitos de transformação e evolução individual e das organizações que Marcelo pôde imprimir a partir da DBM foram logo sentidos e reconhecidos nacionalmente. Tanto que, em apenas quatro anos na presidência da DBM, ele foi convidado para assumir a vice-presidência de uma das indústrias mais admiradas e queridas entre os brasileiros: a Natura. Recordo-me de que essa foi uma escolha muito difícil, pois seus laços com o time da consultoria eram muito fortes, e o rompimento com a convivência quase diária seria um processo que traria alguma dor. Os cuidados foram tomados e a decisão foi feita. Em 2008, Marcelo assumiu como vice-presidente das áreas de Planejamento, Processos e Pessoas, exatamente os elementos-chave para aplicação do **Metamodelo Integral de Gestão** apresentado neste livro.

Com o desenho do Metamodelo já bastante amadurecido em sua mente, Marcelo começou a estruturar um novo Modelo de Gestão para a Natura, seguindo todos os princípios que vimos acompanhando até agora nesse breve relato. Esse processo está ricamente descrito na primeira metade desta obra. A implementação do que foi posteriormente chamado de Sistema de Gestão Natura (SGN) visava garantir maior agilidade e eficiência aos processos da empresa, a fim de promover a base necessária para o grande salto que, mais tarde, a companhia realizaria ampliando seu modelo de negócios de monomarca e monocanal para multimarca e multicanal. No fim de 2009, Marcelo me convidou para participar do início da área de Cultura Organizacional da Natura que tinha como missão principal garantir que, durante todo esse processo de evolução da indústria, sua Razão de Ser, Visão e Crenças acompanhassem essencialmente as alterações que eram feitas no ecossistema da empresa. Nossa missão na área de Cultura era assegurar que, por meio do estudo e do acompanhamento do comportamento das pessoas, do desenho dos processos e dos símbolos e rituais internos, a Natura não se afastasse de sua Essência. Todo esse interessante e altamente complexo processo de mudança e muitos outros realizados posteriormente em outras empresas igualmente fascinantes estão descritos mais à frente e apresentados com detalhes nas narrativas finais deste volume.

Alguns anos depois desse ponto na nossa história é que podemos voltar ao nosso encontro no café da Alameda Lorena. Marcelo saiu da Natura em 2013 e eu, em 2016. Ambos retornamos à consultoria depois de algumas passagens por outras empresas, seja como colaboradores externos, seja como parte do quadro. Como resultado desse encontro e desse café, vocês poderão ter contato com as marcantes e inspiradoras experiências de Marcelo e de seus atuais parceiros em sua consultoria, a Chie, nas próximas páginas. Páginas estas que, em certo sentido, são resultado de uma primeira conversa que ocorreu lá em 2003 quando nos conhecemos e éramos pessoas bem diferentes. Resgatar em 2018 o processo de construção de um livro — que, assim como filhos e árvores —, é um símbolo de permanência e legado, é uma alegria imensa. Ainda mais ao reconhecer nessa iniciativa conjunta e nesse resgate de histórias (muitas delas compartilhadas) quanto pudemos crescer e evoluir com esses relatos. Humildemente, esperamos que, em alguma medida, esta obra tenha o mesmo efeito em vocês.

Antes de concluir, não posso deixar de mencionar e de agradecer a riquíssima e imprescindível participação de Ricardo Ferrer nas discussões e nos ajustes de todo o conteúdo, além da atuação na construção primorosa do *layout* desta edição.

A seguir, você pode ler o próprio relato de Ricardo sobre sua experiência nessa elaboração.

Newton Branda,

Consultor de carreira, comunicação e semiótica, professor, doutorando em Filosofia na FFLCH-USP, mestre em Comunicação e Semiótica pela PUC-SP, especialista em Educação pela PUC-SP e graduado em Jornalismo na mesma universidade.

UM PASSO NO FAZER
por Ricardo Ferrer

Minha aproximação com o Marcelo aconteceu no ano de 2011, no período que antecedeu o lançamento do Instituto Integral Brasil. O que nos conectava a princípio era o interesse pela Abordagem Integral e de que forma poderia ser aplicada no desenvolvimento humano, organizacional e social.

Havia me aprofundado por dez anos no estudo teórico da Abordagem e, sempre que podia, incorporava suas bases em projetos diversos, em especial no *design* de jogos para o desenvolvimento humano. Já tinha, inclusive, facilitado o Jogo do Herói na Natura em um programa de *trainee* idealizado pelo Marcelo, embora sem nenhum contato direto com ele durante esse processo.

O mesmo Jogo do Herói e meu interesse pela Abordagem Integral me levaram a conhecer a Del Mar Franco, o Instituto Evoluir e, posteriormente, o Marcelo, por intermédio de Mari Del Mar. Nos anos seguintes, me dediquei parcialmente como profissional do Instituto Evoluir e como membro voluntário do Instituto Integral Brasil. Foi um daqueles clássicos pontos de virada nas histórias de vida, pois encontrei pela primeira vez comunidades de práticas totalmente imbuídas da mesma filosofia na qual eu estava envolvido. Hoje, sei exatamente como essas duas palavras juntas podem fazer toda a diferença para alguém em busca de desenvolvimento: comunidades e práticas.

Explicando em termos Integrais, vivi durante dez anos impactado por um despertar (*wake up*) que me deu uma intuição e uma percepção mais abrangente da realidade, além de despertar em mim a ânsia em obter conhecimentos e conteúdos que me provessem de um repertório para dar conta dessa nova visão de mundo. Estava vivendo uma fase de buscador, e a Teoria Integral foi um dos principais achados na minha busca. Porém, havia dentro de mim uma forte incoerência, como um senso de desajuste e muitas inconsistências na vida. De um lado, com uma percepção aguçada e uma narrativa cognitiva relativamente ampla, eu poderia encontrar explicações e justificativas rapidamente para qualquer tipo de problema ou situação. Por outro, havia uma profunda insegurança emocional, relacionamentos confusos, dinâmicas problemáticas e traumas não trabalhados. Se por um aspecto o repertório intelectual nos permite navegar melhor pela realidade e entender muitas coisas, por outro ele pode ser traiçoeiro, pois a mente é muito elástica e maleável na arte de encobrir nossas inconsistências e fragilidades. Isso se refletia em minha vida pessoal, afetiva e profissional.

Apenas ao descobrir o que era efetivamente participar de uma comunidade engajada em práticas integrais (já havia me conectado com outras comunidades, algumas que só reforçavam o *wake up*, outras que engajavam na atuação social, mas nenhuma que, além disso, aprofundasse meu desenvolvimento) foi que entendi que, além do despertar (*wake up*), há a necessidade de um árduo e constante trabalho de limpeza das sombras emocionais (*clean up*) e o trabalho de desenvolvimento psicoemocional e cognitivo propriamente dito (*grow up*). Esses três pilares se reforçam mutuamente e, quando inseridos em atividades práticas coletivas e recorrentes, causam um impacto que eu não poderia imaginar possível anos antes. O fato é que, sozinha, uma pessoa é capaz de compreender muitas coisas, mas sempre estará sujeita a "não ver" as dinâmicas inconscientes que estão ativas sabotando seu desenvolvimento. A metáfora que costumo fazer é que podemos mover nossa cabeça em todas as direções para ampliar nossa percepção e conhecimento, mas nunca somos capazes de olhar diretamente nossa própria nuca. Por isso, um grupo de pessoas dedicadas ao desenvolvimento em um contexto pode se ajudar mutuamente apontando os conteúdos que estão ocultos e invisíveis a cada participante.

Assim, quando o Marcelo fala, com toda a propriedade de quem liderou diversos grupos ao longo de tantos anos, sobre a importância das comunidades de prática para gerar desenvolvimento e alavancar a evolução nos sistemas, me sinto como uma prova viva. Se evolui no meu desenvolvimento, também percebo nítido avanço na forma como o Marcelo cumpre seu papel de liderança ao reunir pessoas e criar contextos para que as comunidades de práticas aconteçam. E são muitos os grupos dos quais pude participar ou que testemunhei nos últimos tempos.

No Instituto Integral Brasil, me cabia o papel de focalizar o grupo de estudos e práticas em Negócios Integrais. Nós nos reuníamos regularmente para discutir e aprofundar o entendimento de um conjunto de conceitos que o Marcelo nos apresentou, sua visão pessoal sobre o que seria o **Metamodelo Integral de Gestão**, material que inspirou grande parte do Sistema de Gestão da Natura. Nós aplicávamos esse *framework* hipoteticamente em organizações reais convidadas para trazer seus problemas. Com base nessas experiências e discussões foi elaborado o primeiro manuscrito descrevendo esse modelo e, depois, Marcelo e eu refinamos e aprofundamos seu conteúdo no artigo *Integral Management Meta-Model*, publicado inicialmente no *Journal of Integral Theory and Practice*, passando pelo crivo dos editores Ken Wilber e Sean Esbjörn-Hargens, antes ser reproduzido em junho de 2013 durante a Terceira Conferência da Teoria Integral em São Francisco, nos Estados Unidos.

A Conferência Integral foi uma experiência ímpar. Lá estavam reunidos estudiosos, pesquisadores, entusiastas da Teoria Integral do mundo todo. Naquela diversidade de pessoas, eu conseguia identificar dois grandes perfis: uma parte de participantes com um tipo mais idealista, voltado para pesquisas, discussões teóricas e idealizações, e um tipo mais pragmático, direcionado para a implementação prática, no geral com uma tendência mais crítica e cética do que o outro grupo, na maioria formado por consultores e executivos organizacionais e governamentais. E, durante a apresentação do Marcelo sobre o **Metamodelo Integral de Gestão** e suas aplicações práticas, pude perceber o forte impacto e impressão que ele causou naquele público, em ambos os perfis. Ali constatei que uma das forças dele é transcender essa aparente e persistente dicotomia. Ele transita como poucos pelas duas perspectivas, inspirando o melhor que o idealismo pode almejar e ativando com o máximo de pragmatismo possível a operacionalização dessas iniciativas de desenvolvimento pessoal e organizacional. O público assim se entusiasmava com a constatação de que é viável participar de importantes movimentos de transformação sem comprometer a essência pretendida e sem perder em tração de realização.

Nessa mesma época, eu já fazia parte de outro grupo, o Lab Evoluir, uma iniciativa nascida dentro desse instituto, como demanda de clientes executivos e empreendedores que, vivendo pessoalmente seus processos de desenvolvimento, ansiavam por programas que pudessem promover suas equipes e negócios. Em encontros semanais abertos, um grupo de pessoas se reunia para praticar e experimentar ferramentas de desenvolvimento humano e organizacional. Reuníamos ali práticas integrais consagradas do Instituto Evoluir com aquelas absorvidas pelo **Metamodelo Integral de Gestão**, começando alguns projetos-piloto com clientes reais, na maioria das vezes indicados pelo próprio Marcelo. A proposta inicial do Lab era muito interessante, pois articulava a aprendizagem com a responsabilidade de atender a organizações reais. Essa configuração do Lab acabou se tornando uma espécie de celeiro de desenvolvimento de algumas práticas e formação de profissionais que foram parcialmente absorvidos pela constituição da Chie.

Nos últimos anos, tenho tido o privilégio de me envolver em diversos projetos com a Chie, na maioria dos casos nos bastidores, realizando pesquisas, curadorias, elaborando materiais e algumas vezes acompanhando mais de perto alguns clientes. Em cada um deles, vejo nascer uma nova comunidade de prática, embora em contextos distintos do que os dos grupos espontâneos dos quais participei. Já no caso dos clientes o desenvolvimento está conectado ao propósito de determinada organização, e por isso nem sempre as equipes estão engajadas por pura opção. Mas os resultados são bastante animadores. Vemos o fortalecimento dos laços nas equipes, o compromisso com o desenvolvimento, o nascimento de modelos de autogestão criativos e adaptados a cada realidade. Percebemos a inovação e o desejo genuíno de gerar impacto positivo tanto internamente para as equipes quanto externamente também para a sociedade. E o melhor de tudo: vemos surgir uma comunidade de comunidades de desenvolvimento, um verdadeiro ecossistema de pessoas e organizações que se fortalecem à medida que progridem e trocam valor em vários níveis, algo realmente inspirador de ver e de participar.

Vejo que é o momento adequado para o lançamento do livro, que reúne a convicção teórica de quem já passou por inúmeros testes, erros, sucessos e aprendizados, com um modelo que se provou possível e que agora pode alcançar cada vez mais pessoas e organizações.

Tenho orgulho de ter contribuído para sua feitura, tanto na leitura crítica e nos apontamentos quanto na criação de infográficos e ilustrações e na editoração gráfica. Participei também na concepção das Cartas do Metamodelo, ferramenta pedagógica mencionada neste livro que visa estimular a troca entre pessoas e equipes, facilitar processos de cocriação baseados na implementação do Metamodelo. Esperamos, assim, popularizar ainda mais essas práticas.

Agradeço a confiança depositada pelo Marcelo na minha participação e o aprendizado adquirido em tantos anos de parceria. Acredito que falo em nome de muitos amigos, parceiros e clientes que viveram ou estão vivendo experiências como a minha. Que tudo isso possa se multiplicar entre muitos!

Ricardo Ferrer,

Membro da Chie com formação em Comunicação Social pela ESPM-SP, designer gráfico, criador e facilitador de jogos para desenvolvimento. Coescreveu com Marcelo Cardoso o artigo Metamodelo Integral de Gestão. Em 2017, ganhou o Prêmio INFI – Febraban em Educação Inovadora com o Jogo dos Futuros Emergentes.

"O impossível é o começo de todas as possibilidades."
- Sri Aurobindo

INTRODUÇÃO: PONTO DE PARTIDA PARA A CONVERSA

Sempre gostei muito de trabalhar. E comecei muito cedo, aos 14 anos. Meu primeiro emprego foi em um escritório de contabilidade em Capão Bonito, no interior de São Paulo, Brasil. Aos 15 anos, fui trabalhar no Banco Nacional como contínuo (*office boy*), e uma de minhas atribuições era montar as pastas, literalmente, costurando as folhas e colando-as às capas, para arquivar toda a parte documental da contabilidade das agências.

Pouco antes de completar 16 anos, representantes da área de Recursos Humanos do banco vieram de São Paulo apresentar um programa de desenvolvimento que a instituição estava realizando. Fui entrevistado por um deles e escolhido, ao lado de outro jovem, para participar do programa. Foi uma grande escola de gestão operacional, porque, durante pouco mais de um ano, passamos por todos os setores da agência, aprendendo tudo o que era preciso para fazer para o funcionamento dela. Ao término desse período, fui designado para assumir o cargo de subgerente de serviço, atividade complementar à de gerente administrativo, que é quem cuida de toda a operação de uma agência bancária. Assim, com menos de 18 anos, tive a oportunidade de começar a enxergar uma organização de forma ampla e abrangente e pude vivenciar os desafios e a complexidade inerentes à gestão, o que influenciou decididamente a maneira como me desenvolvi como profissional.

Durante um bom tempo, trabalhei no Banco Nacional. A rotina era intensa e se estendia das 7 às 13 horas, treinava vôlei à tarde e ia à escola. Depois, frequentava a faculdade à noite. Quando completei 18 anos, o banco me incluiu em outro programa de treinamento, a fim de me promover a gerente de serviços ou gerente administrativo. Foi após isso que comecei a visitar outras cidades, cobrindo férias de outros colegas. Naquele momento se iniciou algo muito importante que tem tudo a ver com a essência do que faço hoje: a paixão pelo desenvolvimento humano e sua conexão com a evolução das organizações.

Em uma dessas viagens conheci um gerente comercial abusivo, que assediava moralmente os funcionários. Tentei mudar esse quadro conversando com as pessoas e entrando em contato com meu chefe. Só que, como a área comercial era mais forte, no outro dia de manhã ele me telefonou pedindo que eu fosse para outra agência. Lembro que fiquei muito magoado e que acabei ligando para minha mãe a fim de desabafar. Era a primeira vez que eu chorava desde os meus 7 anos de idade!

Mas, logo em seguida, o banco me convidou para trabalhar na cidade de São Paulo.

Foi nessa época, mais precisamente em fevereiro de 1986, que o governo do ex-presidente José Sarney lançou o Plano Cruzado, o primeiro de uma série de choques econômicos para tentar sanar décadas de inflação alta no Brasil. Entre outras medidas, foram cortados três zeros da moeda nacional. Os bancos entraram em pânico. Ninguém sabia se era antes ou depois da vírgula. Os caixas ficaram ensandecidos. Pouco depois, com medo da redução de lucros que o plano poderia acarretar, recebemos a ordem de demitir. Na agência onde eu trabalhava, que contava com 40 funcionários, tive de despedir 14. Foi o primeiro grande baque que precisei enfrentar. Seguramente, fiz barbaridades. Não me lembro de alguém que tenha reclamado ou ficado mal, mas, certamente, bonito não foi.

Após essa experiência, comecei a pensar em sair do banco. E, pouco depois, conversando com uma de minhas clientes, que era gerente financeira da Coferraço, siderúrgica, que até hoje está no mercado, ela me indicou para trabalhar na Método Engenharia, uma empresa de soluções de engenharia e de construção de alta complexidade, que também continua atuante. Procurei a empresa, fiz uma entrevista e fui contratado.

Entrei na Método para ser chefe do setor financeiro. Conviver com tantos engenheiros, a maioria formada pela Escola Politécnica da Universidade de São Paulo, foi como desvendar um mundo novo. Eu não sabia de nada de finanças, matemática ou engenharia, mas aprendi muito com eles. Na época, a empresa estava crescendo muito. A Método, a Natura e a RBS são exemplos de empresas que estavam fazendo um forte movimento de desenvolvimento. Na ocasião de meu ingresso, a Método estava focada em um trabalho de construção de sua visão de futuro. Hugo Rosa, um de seus fundadores, falava que seu sonho era inovar em tecnologia de construção e de gestão para transformar o setor de construção no Brasil.

Fiquei encantado com o processo de construção da visão da empresa, mesmo porque eram pouquíssimos os que estavam fazendo isso. E, também, pelo potencial de produzir transformações na sociedade que a companhia se propunha a realizar. A Método foi um grande emprego e uma excelente escola para mim. Ela foi, de certa forma, um berçário para o desenvolvimento da gestão no país.

A Método tinha uma forma de pensar totalmente "fora da caixa" na época em que trabalhei lá. Em 1986, o principal desafio da construção civil era a produtividade. Nos Estados Unidos e na Europa, o método construtivo já era muito parecido com o que é utilizado nas duas regiões hoje: construções a seco e pré-fabricadas com muita madeira, muito aço e quase nada de alvenaria. No Brasil, 30 anos depois, o jeito de construir ainda é muito parecido. Apesar de termos muito mais tecnologia, ainda se usa muita alvenaria no Brasil, e se briga contra a gravidade.

A Administração Participativa, modelo pioneiro então utilizado pela Método, foi inspirada no trabalho do educador e filósofo brasileiro Paulo Freire (1921-1997). A ideia era aproximar os núcleos de comando da mão de obra nos terrenos de construção. Para tanto, escolhíamos um grupo de trabalhadores e propúnhamos: "Vocês têm essa parede aqui que leva três horas para ser erguida. Se vocês fizerem o trabalho em duas horas e meia, vocês ganham um prêmio". O novo modelo foi testado na Avenida Engenheiro Luís Carlos Berrini, em São Paulo. Foi a primeira grande obra privada que a Método ganhou, já que até então só tinha trabalhado com o setor público. No segundo mês, os operários ameaçaram entrar em greve. Eles falaram: "Vocês estão falando que a gente tem de erguer uma parede em duas horas e meia, mas, quando a gente precisa de tijolo, não tem tijolo". Ou seja, a oportunidade de melhoria não estava no trabalhador, mas, sim, na gestão dos processos.

A melhor sacada da Método foi entender que seus engenheiros civis não estavam preparados para ser gestores. Na faculdade, eles aprenderam a ler uma planta baixa, a fazer cálculo ultracomplexos etc. Mas não foram capacitados para gerir pessoas e recursos. Tendo percebido isso, a Método, sob a liderança do saudoso professor Rui Leme (1925-1997), da Escola Politécnica da USP, resolveu participar da criação da Fundação Vanzolini, que até hoje atua em Educação Continuada no Brasil, tendo como objetivo principal desenvolver e disseminar conhecimentos científicos e tecnológicos essenciais à Engenharia de Produção, à Administração Industrial, à Gestão de Operações e às demais atividades relacionadas.

Foi mais ou menos nessa época, em 1986, que recebi uma carta da minha primeira namorada, de quando tínhamos 15 anos. Ela acabara de chegar dos Estados Unidos, onde passou uma temporada estudando. Voltamos a nos ver e, em 1988, nós nos casamos. Costumo brincar que, quando a gente se casou, o máximo de tempo que tínhamos passados juntos foi um feriado prolongado de Carnaval. Assim, ela propôs que a gente fizesse uma terapia de casal. O que, para mim, foi uma bênção, um presente. Até hoje considero que foi uma das coisas mais positivas e importantes que já aconteceram na minha vida.

A clínica se chamava *Self*, e sua proprietária, além de terapeuta, era consultora organizacional. Na ocasião, ela conduzia um projeto para uma empresa belga chamada Solvay, com atuação voltada à saúde organizacional. Nunca me esqueci dela dizendo que "uma empresa é como um indivíduo, ela também precisa ter saúde para viver bem". Fiquei encantado tanto com essa forma de encarar a gestão de uma empresa quanto com a terapia em si, que, até hoje, continuo fazendo.

Trouxe esse pequeno resgate para mostrar quanto me sentia identificado com a Método, pois ela empregava muito dessa abordagem que relacionava as organizações com os indivíduos. Hoje em dia, se trabalhamos com a implementação de holocracias e sociocracias nas organizações, é porque eu ouvi falar disso lá atrás na Método. Porque, além de promover o desenvolvimento de seus engenheiros na gestão de pessoas e recursos, essa empresa procurou levar empoderamento a seus trabalhadores. Só que isso não foi nada fácil, pois, na década de 1980, a grande maioria dos trabalhadores da construção era formada por migrantes nordestinos que viviam na cidade em situação precária e possuíam muitas necessidades básicas não resolvidas, como alfabetização e higiene. E foi exatamente aí que a Método iniciou sua atividade de integração de seus trabalhadores da base, por meio da alfabetização no canteiro de obra.

No princípio, fui chefe do setor financeiro. Em 1989, fui promovido a gerente, sendo responsável por toda a área, inclusive pela Contabilidade. Essa experiência foi a semente da minha paixão pelo desenvolvimento das organizações a partir das pessoas. Aquele departamento contava com pessoas que estavam lá há muito tempo e que ninguém mexia com elas. A área funcionava, mas as pessoas estavam profissionalmente estagnadas, e eu queria estimulá-las criando um espaço para que crescessem, se desenvolvessem e fossem para outros setores com as quais se identificassem mais. Para tanto, convidei minha terapeuta e um consultor para ajudarem no processo.

O resultado da iniciativa foi inesquecível para mim. Uma das funcionárias, por exemplo, que era a porta-voz da turma, despertou para várias coisas que não estava aproveitando em sua vida. Ela trabalhava há tanto tempo ali que praticamente tinha se casado com a empresa, porque ela não tinha tido nenhum relacionamento afetivo nesse período. Depois do trabalho de desenvolvimento, ela resolveu pedir as contas, voltar para a Bahia e abrir um negócio próprio. Isso foi surpreendente para mim, pois acabei me dando conta de que as pessoas têm outros interesses além daqueles que possamos imaginar. Elas são muito maiores do que nossa pretensiosa imaginação pode visualizar. Enfim, meu objetivo era que todos trabalhassem melhor, mais felizes e sendo mais produtivos, aprendendo mais, crescendo mais, fazendo mais coisas. Depois dessa experiência, sempre fiz trabalhos de time em todos os lugares.

Logo em seguida, a Método constituiu uma *joint venture*[1] com uma empresa canadense e comecei a ficar de fora das reuniões, porque não falava inglês. Fiquei desesperado, pois não estaria mais nos palcos, deixaria de estar em evidência. Por isso, resolvi vender minhas férias e meu 13º salário para fazer um curso intensivo diário no melhor colégio de inglês da época. O resultado foi excelente, e seis meses depois a Método me mandou para Washington, nos Estados Unidos, para estudar na American University totalmente custeado pelo Banco Mundial.

Nesse período, chegaram nossos filhos, a Ananda e o Pedro. Ela nasceu em 1990; e ele, em 1992. Eu lembro que a Fernanda estava no fim da gravidez quando eu cursava inglês e que Pedro ainda era um bebê quando fui para os Estados Unidos. Por causa do meu processo terapêutico, comecei a ficar muito inquieto, a ponto de achar que trabalhar na Área Financeira não era suficiente. E pensava: "Eu gosto do que eu faço, mas quero fazer algo que ofereça maior contribuição para o mundo".

Foi então que, em 1992, tive esta visão: Estava voltando de um jogo de futebol, dirigindo pela Marginal Pinheiros, em São Paulo, quando uma ideia tomou conta do meu ser. Parei o carro e comecei a chorar de emoção com a certeza de era aquilo que eu deveria fazer: um espaço para as pessoas se conectarem com sua dimensão espiritual por meio da atividade física.

Dois anos mais tarde, em uma livraria, me deparei com o título *O Corpo sem Idade*, de Chris Griscom. Folheio e me encanto, dizendo para mim mesmo: "É isso!". Entusiasmado, encaminho um *fax* (sim, estávamos em 1994) para o *The Light Institute*, em Galisteo, Novo México, nos Estados Unidos, falando sobre meu projeto. Duas horas depois, recebi uma resposta informando que Chris Griscom estaria no Brasil naquele fim de semana.

Fui até São Pedro da Aldeia, no Estado do Rio de Janeiro, e participei com a Chris de um brilhante *workshop* sobre abundância. Entusiasmado, comentei sobre minha visão e ela me convidou para assistir, em Galisteo, a um *workshop* sobre Propósito de Vida e me fala: "Realize o projeto dentro de você; quando ele estiver maduro dentro, o que estiver do lado de fora se manifestará".

O *insight* foi muito forte e mudou minha forma de ver o mundo: realizar primeiro interiormente que, depois, o exterior acontece. Até aquele momento, eu estava preocupado apenas com coisas materiais e imediatas, como arrumar dinheiro, comprar um terreno para construir uma casa, parar de gastar mais do que eu ganhava etc. Com essa maior abertura para o mundo, alguns anos depois, andando de carro pela Marginal Pinheiros, em São Paulo, eu vi pai e filho passeando de bicicleta. O menino estava com um grande brilho nos olhos e o pai estava com o olhar opaco. Naquela hora descobri meu Propósito: "Trabalhar para recuperar o brilho no olhar das crianças nas pessoas".

Ao mesmo tempo em que esses processos internos aconteciam, fui promovido à liderança de uma área de Desenvolvimento de Negócios na Método Engenharia e tinha por responsabilidade conquistar parcerias internacionais. Foi nessa época que trouxemos para o Brasil o parque aquático Wet'n Wild e a incorporadora Tishman Speyer.

Nesse mesmo momento, vivi outro evento muito importante na minha formação em gestão. Em 1995, a Método começou a desenvolver parcerias com a Fundação Dom Cabral e, a partir desse acordo, fui fazer um curso de STC (*Skills, Tools, and*

---

1. *Joint Venture* - Associação de sociedades sem caráter definitivo.

Competencies) na *Kellogg School of Management*, nos Estados Unidos. Ficar no *campus* dessa renomada universidade foi uma experiência sensacional que mudou minha vida. Lá, eu aprendi muito sobre estratégia e *marketing*. Descobri que eu não sabia nada sobre estratégia e muito do que aprendi nesse curso uso até hoje.

Em 1996, recebi o convite de um *headhunter*[2] para ir trabalhar na GP Investimentos, companhia de investimentos, com sede em Hamilton, capital das Ilhas Bermudas, e com escritórios em São Paulo, Nova York e em Zurique, na Suíça, que atua na gestão de recursos, principalmente de fundos de *private equity*[3]. A GP Investimentos tinha acabado de comprar o parque de diversões Playcenter e o terreno onde seria o parque temático Hopi Hari. O convite tinha tudo a ver com meu recém-descoberto propósito de despertar o brilho das crianças no olhar das pessoas! Saí da Método feliz com meu novo caminho profissional.

Na GP Investimentos, me tornei o *chief financial officer*[4] (CFO) da Playcenter S/A. Meu principal objetivo era levantar fundos para todo o projeto voltado ao entretenimento que a companhia tinha. O plano era reformar o parque Playcenter, de São Paulo, e construir mais cinco parques regionais semelhantes a ele e um grande parque temático, como o Hopi Hari, na Argentina. Além disso, o projeto abrigava também os *Family Entertainment Centers*, que são os parques de diversões dentro de shopping centers.

Ao mesmo tempo em que assumia esses novos desafios, fui desenvolvendo o olhar para dentro que descobri com Chris Griscom. Fui me tornando uma pessoa mais madura e, aliado à terapia, comecei a fazer um trabalho corporal com o método desenvolvido pela conhecida fonoaudióloga Beatriz Padovan. O Método Padovan de Reorganização Neurofuncional, desenvolvido por ela, é uma abordagem terapêutica que resgata as fases do neurodesenvolvimento e as usa como estratégia para habilitar ou reabilitar nosso sistema nervoso. A proposta envolve reviver nosso nascimento, rastejar e engatinhar, entre outras interessantes atividades corporais.

Por outro lado, em 1997, todo o plano financeiro criado para a execução do projeto de entretenimento da GP foi por água abaixo em decorrência da crise financeira dos Tigres Asiáticos, como ficaram conhecidos Cingapura, Hong Kong, Coreia do Sul e Taiwan, em razão de sua agressividade administrativa e de seu alto grau de industrialização.

O mercado financeiro global se fechou, e o que viria a ser o Hopi Hari (na época, o projeto se chamava *Great Adventure*) começou a ter muitos problemas. Então, de repente, eu me vejo com apenas 30 anos de idade tocando um negócio gigantesco, da complexidade de uma cidade a ser construída e já com muitos desafios. Para se ter uma ideia, 15 dias depois que assumi o Hopi Hari, a obra de construção do parque foi embargada por falta de licença ambiental. Tivemos de pará-la com dois mil trabalhadores já contratados que precisaram, em seguida, ser demitidos. Foi uma grande experiência. Aprendi muito sobre sustentabilidade e sobre toda a parte de gestão de uma empreitada desse porte. Eu me aprofundei também sobre todo o desafio operacional, porque não bastava construir o parque, era preciso fazê-lo operar. Além disso, havia o desafio de mercado que era criar uma proposta de valor que atraísse muita gente.

---

2. *Headhunter* – Caçador de talentos.

3. *Private equity* - Modalidade destinada a empresas de porte médio.

4. *Chief Financial Officer* – Diretor financeiro.

O capital investido também foi desafiador. A GP Investimentos captou um montante para fazer o parque, mas inicialmente menos do que o necessário. Então, quando cheguei, não havia orçamento para a implementação total do projeto. A primeira coisa que fizemos foi um orçamento. Quando terminamos, vimos que existia um buraco de 35 milhões de dólares e que não teríamos dinheiro para terminar as obras de construção do Hopi Hari. Se tudo desse certo, ainda sim faltariam 35 milhões de dólares.

Passei de 1997 até abril de 1999, ou seja, seis meses antes de o parque abrir, sem saber se teríamos essa quantia. A GP só comunicou que investiria o montante apenas meses antes da abertura. Tivemos de administrar a escassez e o medo até o final.

Conseguimos inaugurar o parque com sucesso em novembro de 1999. Contratamos muitas pessoas e fizemos um forte trabalho de desenvolvimento humano. Em especial, destaco um grupo de mais ou menos 70 pessoas, cujo nível de paixão e engajamento com o projeto foi extraordinário. Nós acreditávamos estar fazendo a Disneylândia brasileira. A atuação dessa equipe foi alicerçada na crença de que o mais importante era despertar o brilho nos olhos e o sonho dos frequentadores do parque.

A fundamentação teórica desse trabalho partiu de minha experiência pessoal e da soma das vivências de todo o coletivo e, de forma mais estruturada, das bases da Teoria Integral, que, na época, ainda era muito recente. Para se ter ideia, um de seus autores, o pensador estadunidense Ken Wilber lançou um de seus principais livros, *Sex, Ecology, Spirituality – the spirit of evolution*[5], em 1995 e, em 2000, criou o Instituto Integral, centro de pesquisa localizado nos Estados Unidos. É também em 2000, com a publicação do livro *A Theory of Everything*[6], que Ken Wilber trouxe para a Teoria Integral o conceito de Níveis de Consciência (da Espiral Dinâmica)[7], iniciado pelo psicólogo estadunidense Clare W. Graves (1914-1986) nos anos 1950 e, mais recentemente, desenvolvido pelos pensadores também estadunidenses Don Beck e Chris Cowan. Li essas obras na época de seus lançamentos e imediatamente comecei a levar seus conceitos para as atividades de desenvolvimento humano no Hopi Hari. Pela qualidade, profundidade e inovação das propostas, eu imaginava que deveria ter muita gente no mundo fazendo a mesma coisa. Com essa ideia em mente, em 2001 fui a um encontro sobre Liderança Integral em Londres no qual estavam os próprios Don Beck e Chris Cowan, entre outros autores, que, mais tarde, acabei conhecendo profundamente. Ali, percebi que o que estávamos fazendo no Hopi Hari, a partir da Teoria Integral, era uma ação das mais pioneiras e calcada em dois pilares: primeiro, a noção clara de que o Hopi Hari precisava de um Propósito como organização e, em segundo, a ideia de transformar o parque em uma grande experiência educativa.

No sentido de tornar o Hopi Hari também um programa educativo, ampliando a dimensão intelectual e mental dos colaboradores, nos inspiramos muito nas ideias e exemplos do educador brasileiro Paulo Freire. Para tanto, resgatamos o conceito de *paideia*, de *paidos* ("criança", em grego antigo), que remete à atividade de se divertir"

---

5. Lançado no Brasil em 2018 com o título *Sexo, Ecologia, Espiritualidade – o espírito da evolução*, Editora Vida Integral.

6. Lançado no Brasil em 2000 com o título *Uma Teoria de Tudo*, Editora Cultrix.

7. Publicada originalmente em 1996 no livro *Spiral Dynamics: Mastering Values, Leadership, and Change*, de Don Edward Beck e Christopher Cowan, Wiley/Blackwell.

aprendendo por meio de disciplinas diversas, como Ginástica, Gramática, Retórica, Música, Matemática, Geografia, História Natural e Filosofia, para a formação completa dos cidadãos gregos. Foi nesse período que o saudoso escritor e jornalista brasileiro Gilberto Dimenstein (1956-2020), fundador do portal *Catracalivre*, iniciou uma parceria com os aprendizes do parque. Nossa ambição era que todas as experiências nele vivenciadas fossem educativas. No processo, criamos uma missão e uma identidade organizacionais muito fortes, tanto que, a partir delas, surgiu a ideia de lançarmos o parque como um país, com território, passaporte e idioma próprios. Também, para atuar nas dimensões espirituais e emocionais dos colaboradores do parque, trouxemos um líder espiritual e um grupo de psicólogos do Instituto Evoluir.

Algo que fui aprendendo com o tempo sobre a Teoria Integral é que ela funciona como um mapa para a descrição da realidade do cosmos, e não como uma receita. Se alguém pegar os elementos da abordagem e os tentar aplicar diretamente no ambiente organizacional, vai ter muitas dificuldades, porque ela não leva em consideração as especificidades e as particularidades de um ambiente organizacional. Ela funciona mais como uma metateoria, ou seja, uma teoria sobre teorias. Foi aí que percebi que a Abordagem Integral estava mais relacionada com o "processador" do que com os *softwares* de um sistema, era como o *intel inside* dos computadores.

Conforme fui explorando a Teoria Integral nas organizações, descobri que é muito melhor a usarmos como uma lógica interna e não de forma explícita com os clientes ou colegas da empresa, pois aplicá-la explicitamente envolve sobrepor uma gramática nova, muitas vezes alienígena para a tradicional linguagem dos negócios. E isso tende a gerar muita confusão, má interpretação e resistência em quem não está familiarizado com seus conceitos.

Essa é uma dica importante, visto que é muito comum que aqueles que iniciam os estudos da Abordagem Integral, empolgados, queiram explicitar seus princípios em sua área de atuação, o que, muitas vezes, gera frustração e gasto desnecessário de energia. O melhor a fazer é procurar traduzir os conceitos em ações e linguagem próprias de seu ambiente de trabalho, sem muito alarde.

Cerca de três anos depois da inauguração do Hopi Hari, em 2002, eu saí da empresa por causa de alguns conflitos. Na época, vivi um processo muito intenso e pessoal de reflexão sobre qual era o meu Propósito de Vida, sobre o que queria fazer do meu tempo na Terra. Decidi trabalhar afinado com esse Propósito, que é o de levar consciência para as organizações. Em um primeiro momento, quis montar minha empresa, mas, quando comecei a conversar com outras pessoas sobre isso, percebi que ainda não tinha conhecimento suficiente.

Falei com os consultores Luiz Carlos Cabrera e Vicky Bloch. Vicky estava iniciando seu processo de sucessão na presidência da DBM, maior multinacional de transição de carreira e de desenvolvimento profissional do mundo, adquirida no Brasil pela Lee Hecht Harrison em 2012. Depois de vários meses e muitos bate-papos, assumi a presidência da DBM. Com essa experiência, pude unir os diferentes mundos que se me apresentavam juntamente com a Teoria Integral. Assimilei todas as coisas novas que estava aprendendo e procurei transformá-las em entrega, em metodologia, em um Propósito aos clientes. A DBM passou a ser mais do que uma consultoria. Começamos a trabalhar com profundas mudanças em organizações. Atuamos na Sadia, na Johnson's, no Itaú e em outras grandes empresas. Foram projetos nos quais eram discutidas as dimensões dos sistemas – dos indivíduos às culturas organizacionais e ao meio ambiente. Foi lá que nasceu a ideia do **Metamodelo**

Integral de Gestão. Notei que existia um padrão entre os projetos da DBM do Brasil que era muito diferente e estava muito longe da visão de mundo de quem normalmente pensa em uma estratégia de mudança para uma organização, de quem a implementa e de quem engaja as pessoas. Percebi quanto havia de fragmentação na estratégia gente-gestão tradicional. Nessa época, eu e outros executivos da DBM do Brasil montamos uma consultoria própria só para fazer isso, ou seja, promover integração entre estratégia, gente e gestão. Foi quando recebi um convite feito por Alessandro Carlucci, então presidente da indústria de cosméticos Natura, para ser seu vice-presidente. Ele me indicou para uma nova área que englobaria Planejamento, Processos e Pessoas, ou seja, exatamente o processo de estratégia gente-gestão que eu queria trabalhar com o **Metamodelo Integral de Gestão**. Achei muito sincrônico aquilo ocorrer, afinal era exatamente o que eu acreditava e com o que queria atuar.

Chegando à Natura, passamos a desenhar um novo modelo de gestão. Na ocasião, já visualizava que o modelo de gestão adotado pela Natura, para ser distintivo, deveria apresentar os mesmos aspectos tácitos e implícitos da Essência da empresa, ou seja, sua Missão e seus Valores. Foi aí que comecei a articular a ideia de construir um Sistema de Gestão Natura (SGN). Para tanto, tomamos por base o modelo da Fundação Nacional da Qualidade, cujo conselho curador tinha como membro Pedro Passos, um dos fundadores da Natura. No processo, pude atuar e contratar profissionais de altíssimo nível. Até hoje, alguns deles ainda estão na empresa, ao lado de novos executivos.

A necessidade de elaborar um novo Sistema de Gestão Natura veio do momento que a empresa vivia. Quando entrei, seu IPO (entrada na Bolsa de Valores) tinha acontecido havia apenas quatro anos e a organização crescera muito rápido, mas sem apresentar processos maduros e estáveis. Ao mesmo tempo, necessitava de maior integração entre as pessoas, a estratégia e a gestão. Havia muita ineficiência operacional e a Natura começava a perder um pouco da qualidade de sua relação com suas consultoras (revendedoras). Este era o principal desafio: por um lado, objetivamente, a estruturação dos processos e, por outro, mais subjetivamente, fazer isso considerando os aspectos tácitos e implícitos dos Valores e da Missão da empresa. Ou seja, fazer um modelo de gestão que integrasse todas essas dimensões. A pergunta era: "Como reestruturar a organização sem que ela perca sua alma?"

Em um primeiro momento, o desenho do Sistema de Gestão Natura era em círculos, com formas redondas que remetiam a elementos orgânicos. Porém, as pessoas na empresa tiveram muita dificuldade em entender o gráfico. Então, nesse primeiro momento, resolvi focar a gestão por processos, que estava sendo instaurada na companhia, e deixar para falar sobre o SGN apenas mais à frente. Depois de mais ou menos um ano, trouxemos de volta a ideia do SGN representado graficamente (*Fig. 1*). Para tanto, contratamos a consultoria Accenture, a fim de nos ajudar a desenhar uma representação sintética de como funcionavam os principais processos e sistemas da Natura. Em seguida, nomeamos executivos da própria empresa para serem responsáveis pelos componentes do SGN. Para alinhar as diferentes frentes, criamos um grupo de trabalho que se reunia frequentemente.

O passo seguinte foi divulgar o SGN para toda a organização e, em seguida, conforme a realização e a evolução da proposta, medir a maturidade dos processos de gestão na empresa. Para isso, utilizamos a régua da Fundação Nacional da Qualidade, incluindo nela elementos novos, não presentes na avaliação original, com

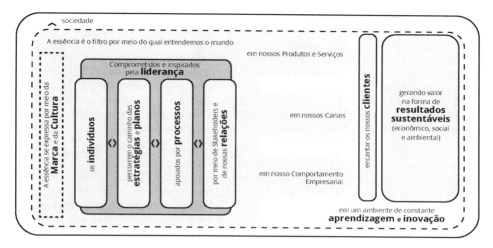

Fig 1. Sistema de Gestão Natura

o intuito de obter pontuação máxima pelo órgão. Creio que minha passagem pela Natura tenha oferecido uma pequena contribuição para que ela depois ampliasse seu modelo de negócios para além da venda direta, atuando hoje fortemente também na internet, em lojas físicas e em quiosques, além de ter se tornado uma corporação que inclui outras indústrias e marcas, como a australiana Aesop, a inglesa The Body Shop e a estadunidense Avon.

O processo de elaboração do SGN envolveu muitos profissionais renomados mundialmente e de diferentes áreas, a exemplo de Otto Scharmer, professor do Massachusetts Institute of Technology (MIT) e autor da Teoria U; de Sean Esbjörn-Hargens, pesquisador e fundador da consultoria Metaintegral e Ph.D.; de Beena Sharma, pesquisadora, consultora da Vertical Development Academy; e de Carolyn Taylor, autora do livro pioneiro sobre cultura organizacional *Walking the Talk* Carolyn Taylor, que vieram pessoalmente à Natura trabalhar nesse projeto.

Nesse meio-tempo, o projeto do SGN e os demais que fizemos utilizando a Abordagem Integral na Natura chamaram a atenção de seu autor, o escritor e filósofo Ken Wilber. E, em dezembro de 2011, tive a oportunidade de conhecê-lo pessoalmente em Denver, nos Estados Unidos, e apresentar a ele o que estávamos fazendo na prática utilizando suas ideias. Dessa conversa surgiu o convite para eu liderar o braço brasileiro do Instituto Integral. Posteriormente, escrevemos, com a participação de membros do Instituto Integral Brasil (IIB), o primeiro artigo sobre o **Metamodelo Integral de Gestão**, que foi publicado no *Journal of Integral Theory and Practice*[8], com leitura crítica e aval do próprio Ken Wilber.

Esse artigo foi reproduzido na Terceira Conferência Integral, em São Francisco, nos Estados Unidos, quando tive a oportunidade de fazer uma apresentação para estudiosos e consultores em Teoria Integral de diversas partes do mundo. A recepção e a repercussão imediata foram as melhores possíveis, reforçando o sentimento de que o que estávamos fazendo era inovador e significativo. Tomávamos o rumo certo.

---

8. Artigo publicado no Volume 8, números 1 e 2, junho de 2013.

Esse momento vivido entre a Natura e o Instituto Integral Brasil foi uma experiência muito rica que alimentou ainda mais minha vontade de ter uma consultoria própria. Porém, depois de sair da Natura, recebi o convite para tomar um café com o CEO do laboratório de análises clínicas Fleury. Conversando com ele sobre algumas questões de gestão do laboratório, ele perguntou: "Por que você não vem trabalhar com a gente?". Naquele momento, no ano de 2013, o Grupo Fleury estava passando por uma transição grande, que envolvia um expressivo crescimento e a aquisição de várias empresas. Com muito interesse em entender o setor da saúde mais de perto, não resisti ao desafio e aceitei.

O Grupo Fleury precisava, entre outros elementos, de um forte ajuste na quantidade e no perfil de seus profissionais. Sua gestão de pessoas era mais complexa do que na Natura. O grupo, na época, tinha mais de 10 mil colaboradores, desde médicos Ph.D. até atendentes de *call centers*. Apresentava muito mais gente trabalhando para ele que a Natura e a área de pessoas, inovação e gestão que assumi era mais desestruturada. Foi um grande desafio de integração, gestão, inovação e sustentabilidade, esta última bem menos relevante do que na Natura.

O que mais me chamou a atenção nessa nova empreitada foi o fato de a empresa ser da área de saúde. Do ponto de vista de gestão dos processos, o desafio era menos complexo. Mas, quanto à gestão de pessoas, mais difícil. Em seu estágio de crescimento, o grupo tinha se distanciado dos fundamentos de sua gestão. Era preciso voltar a fazer o básico bem-feito. Então, primeiramente, montamos uma agenda de reflexões, que envolvia questões como "Quais são os fundamentos dos processos de Recursos Humanos? Qual é o fundamento do negócio?", para resgatar os pilares do negócio e a disciplina para executá-los. Nesse sentido, na posição de diretor-executivo, liderei a construção de um novo modelo de gestão baseado em processos, a criação de uma forma de governança que se desdobrava em todas as suas unidades e o engajamento das pessoas na essência da empresa e nesses novos modelos. Vale destacar que eles se mantêm em bom funcionamento até hoje no Fleury. Aprendi demais ali com minha experiência de um ano e meio.

Quando eu ainda estava no Fleury, a cada três meses viajava para Nova York, a fim de montar um *workshop* sobre Propósito de Vida para a empresa de roupas femininas Eileen Fisher. Nessas oportunidades, mantive muitos contatos com o consultor e Ph.D. estadunidense Sean Esbjörn-Hargens, que, naquela época, estava montando algumas importantes ferramentas para a consultoria da qual é fundador, a MetaIntegral[9].

Depois de cinco anos desenvolvendo a Chie Integrates[10] como um ecossistema, o **Metamodelo Integral de Gestão** se tornou para mim o mapa que permite a navegação tanto na formação de novos consultores e facilitadores quanto para o trabalho em vários tipos de organização desde *startups* inovadoras a grandes empresas. É sobre esse processo que conversaremos nas próximas páginas deste livro. Espero que, depois da leitura, você descubra com maior profundidade o que é o **Metamodelo Integral de Gestão**, como ele funciona e quais são seus grandes potenciais de mudança real e integral nas pessoas, organizações e sistemas. Para mim, foi um processo libertador e transformador. Espero que para você também seja assim.

Boa leitura!

---

9. https://www.metaintegral.com/

10. http://www.chieintegrates.com/

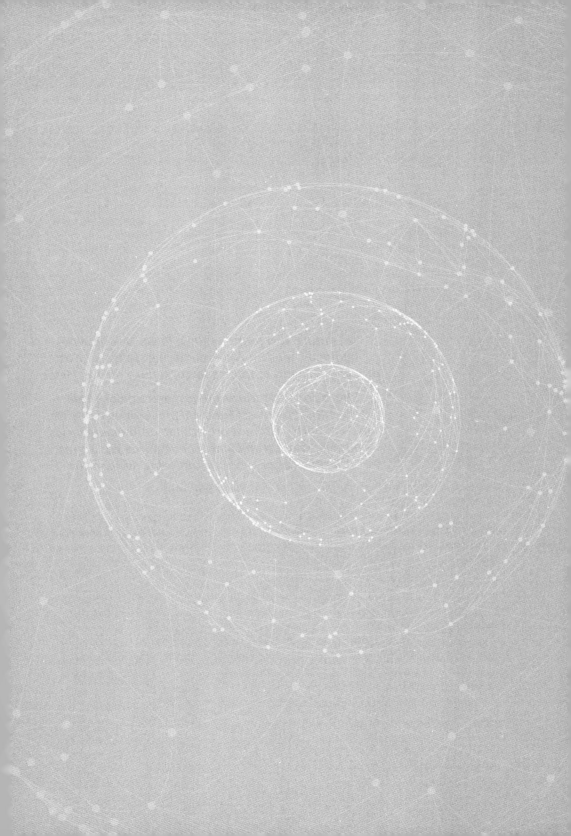

"Na natureza, a forma segue o fluxo. Nos sistemas humanos, tendemos a projetar nossas estruturas primeiro e depois tentamos forçar o fluxo através delas.

Para criar estruturas fluidas, precisamos fazer perguntas diferentes. Também precisamos perceber que, em parte, estamos projetando para emergências, ou seja, criando ambientes onde novas estruturas podem emergir e evoluir conforme necessário."

- Sonja Blignaut

CAPÍTULO 1: A GESTÃO NAS ORGANIZAÇÕES

A Evolução em Estágios e Contexto Atual

MAPEAR A TERRA INCÓGNITA

Uma das maiores questões que se apresentam aos modelos de gestão contemporâneos é conseguir se livrar de um pensamento exclusivamente voltado para os sistemas de comando e controle desenvolvidos no começo do século 20 para dar conta das demandas e do volume de produção. Além disso, é essencial incluir em seus processos uma lógica que abranja as rápidas dinâmicas da complexidade e da emergência do inesperado que as organizações vivenciam no cenário atual. Esse processo de transição não se dá de maneira fácil nem rápida. É preciso, em primeiro lugar, identificar, compreender, conscientizar-se e aceitar as origens dos modelos mentais ora vigentes para só em seguida vislumbrar possíveis caminhos para a evolução desse modelo na direção de uma lógica capaz de dar respostas mais adequadas aos desafios que se revelam muitas vezes intransponíveis e fatais para as atuais empresas.

No intuito de, aliado às organizações, facilitar essa transição, criamos o **Metamodelo Integral de Gestão**, um mapa fundamentado nos diferentes Níveis de Consciência encontrados em um sistema organizacional que visa ampliar os modelos mentais dos indivíduos que o compõem e propiciar maior amadurecimento e confiança nos vínculos que promovem as relações entre eles. E, consequentemente, transformar a cultura interna, trazendo para ela um papel mais consciente, protagonista e responsável em relação a seus resultados individuais e coletivos, tendo em vista seus impactos na nossa sociedade e no meio ambiente.

É importante ressaltar que, para seguirmos nesse caminho, não há fórmulas mágicas e, muito menos, receitas prontas, como muitas consultorias ainda oferecem em seus produtos. O **Metamodelo Integral de Gestão** se propõe a analisar as características intrínsecas de cada organização (sem deixar de lado a identificação dos vieses que, invariavelmente, dada a natureza humana, são trazidos pelos facilitadores envolvidos em sua implementação); reconhecer sua história e a construção de sua identidade ao longo do tempo desde o surgimento da visão de seus fundadores; e, com esses elementos idiossincráticos, promover protótipos para planos e ações específicas de desenvolvimento e engajamento que atualizem o contrato psicológico entre pessoas e empresa e a própria estratégia organizacional. No *Capítulo 6: Consultoria e Facilitação — Um Guia Prático*, encontra-se um quadro-resumo que mostra mais detalhadamente os papéis e os métodos de condução de intervenções no **Metamodelo Integral de Gestão**.

Por meio dessa dinâmica, pretendemos acender alguma luz sobre questões que estejam atuando de forma invisível dentro dos sistemas e, com essa nova consciência, desenvolver, nas organizações e nos profissionais, uma identidade que reconheça seus valores mais profundos e possa ao mesmo tempo ser fluida o suficiente para se adaptar e evoluir diante dos diferentes desafios que seguramente encontrará em seu percurso.

Antigamente, os cartógrafos europeus costumavam nomear em seus mapas os territórios ainda inexplorados como *Terra Incognita* e, no caso dos oceanos, *Mare Incognitum*. Eles incluíam nesses espaços ainda desconhecidos o aviso de que "Aqui há dragões", em latim *"Hic sunt dracones"*, para alertar os navegadores da possibilidade de encontrar essas criaturas fantásticas nos confins do mundo, pelo menos é o que consta em um dos mais antigos mapas-múndi conhecidos: o Globo de Hunt-Lenox, datado de 1510. A metáfora ainda é válida para os dias de hoje. As organizações que pretendem superar a si mesmas e ampliar seus horizontes devem buscar exorcizar os fantasmas e monstros que por vezes imaginam em seu caminho (e que, frequentemente, vão ter de enfrentar para poder exorcizar) para assim navegar sem se afogar nas águas desconhecidas e turbulentas do futuro, sabendo, em especial, que não haverá mais portos seguros. E que isso não será mais um problema.

VISÕES DE MUNDO, VISÕES DOS NEGÓCIOS

Os modelos de gestão desenvolvidos e adotados pelas organizações estão intrinsicamente relacionados a visões de mundo compartilhadas pela sociedade e como essas organizações estão aderentes (ou adaptadas) às bases tecnoeconômicas predominantes em um determinado período histórico.

Essas visões de mundo determinam tanto a forma como os negócios são administrados e liderados quanto os valores que guiam suas estratégias e o propósito com que servem à sociedade. A facilidade para associar pessoas (colaboradores, parceiros, consumidores entre outros) e promover interfaces favoráveis à sua existência e prosperidade é diretamente proporcional, em tese, ao grau de aderência entre a visão de mundo orientadora de uma determinada organização e os valores vigentes do macroambiente social e econômico da época.

Num rápido retrospecto, os negócios como conhecemos hoje surgiram na Revolução Industrial que se iniciou no século 18. Já o marco para a administração profissional de empresas ocorreu no início do século 20, tendo como precursores Frederick W. Taylor (1856-1915) e Henry Ford (1853-1947), nos Estados Unidos, e Henri Fayol (1841-1925), na Europa.

Taylor, Fayol e Ford foram homens brancos que nasceram no século XIX e, aos 50 ou 60 anos, elaboraram propostas para resolver o problema de transferir mão de obra do campo para o novo modelo industrial que começava a ganhar força nas grandes cidades. Foram também responsáveis por escalar enormemente o ritmo de produção dos trabalhadores por meio da estruturação das linhas de montagem ou de produção. É por essa razão histórica que ainda hoje chamamos os trabalhadores de "recursos humanos". A era da Revolução Industrial, impulsionada pela invenção das máquinas a vapor, alavancou fortemente a produtividade ao mundo. A gestão nasce exatamente para resolver os problemas da produção na nova escala.

Se colocarmos em perspectiva, a gestão evoluiu muito pouco nos últimos 100 anos. Boa parte do que fazemos hoje nas empresas ainda guarda essa lógica mecanicista de planejar e controlar do século passado. Muita gente acreditou que, principalmente depois da Segunda Guerra Mundial, quando as grandes empresas de consultoria de gestão obtivessem um forte impulso de crescimento e criassem a indústria de recursos humanos, as organizações passariam a ver suas estratégias, negócios e pessoas de forma mais integrada, sistêmica e humanista.

Porém, o que aconteceu é que os Estados Unidos montaram um programa com as maiores empresas do país para empregar os mais destacados oficiais das Forças Armadas que voltavam da Segunda Guerra. Esses indivíduos saíram do *front* para se tornarem os principais líderes em companhias como a General Motors e a Ford, por exemplo. Com esse importante fator, teve início a lógica militarista de lidar com os artefatos de gestão por meio de planejamento e controle, de tratar tudo apenas como recurso. Tanto que, até hoje nas empresas, chamamos as pessoas de "recursos humanos", além de "retermos", "recrutarmos" e "selecionarmos" os indivíduos, fazemos "planos" de carreira e "estratégias" de ação. Da mesma forma, é estruturada toda a lógica organizacional baseada em hierarquias bem definidas.

Desde a Revolução Industrial até o momento atual, as organizações encontraram uma base tecnoeconômica razoavelmente sólida e estável para o seu florescimento e expansão. Conhecemos nesse tempo a estrondosa inventividade dos negócios para gerar prosperidade, conhecimento, tecnologia, produtos e serviços, assim como também testemunhamos as nefastas consequências que essa capacidade amplificada, quando submetida a intenções pouco conscientes, causou em termos ambientais e sociais. Porém, ao que tudo indica, estamos vivenciando como humanidade profunda transição, provavelmente muito maior do que a própria Revolução Industrial, e essa significativa fase implica inevitavelmente alterar o modo como as organizações funcionam.

Muitos fatores contribuem para o crescente panorama de incerteza nas organizações, como as sucessivas instabilidades no mercado financeiro e seus impactos na economia internacional, as polarizações políticas e os riscos de guerras e terrorismo, a crise ambiental e de recursos naturais, as mudanças culturais e de comportamento pós-internet, o aumento de pessoas guiando-se por visões de mundo mais evoluídas e complexas, entre outros fatores. O certo, porém, é que muitos dos fatores apontam para a impossibilidade de sustentar velhos padrões, enquanto outros, como o florescimento da nova economia com valores alicerçados em flexibilidade, virtualidade, organização em redes e fluidez, apontam para novas possibilidades para o futuro das organizações e dos negócios.

Não sabemos exatamente o rumo que os negócios terão a partir daqui, já que estamos no "olho do furacão" das incertezas globais; porém, podemos afirmar que a abordagem que usamos pode indicar caminhos consistentes e pautar a cocriação

---

Não é o que você não sabe que vai colocá-lo em apuros. É o que você tem certeza que não vai.

- Mark Twain

dos modelos de negócios para as próximas gerações. Modelos estes firmados em complexidades muito mais profundas, abrangentes, flexíveis e responsáveis, capazes de aliar as necessidades dos indivíduos, as relações e os sistemas, visando a resultados sustentáveis, guiados por visões de futuro alinhadas ao desenvolvimento integral da humanidade e do planeta.

MODELOS DE GESTÃO

Um modelo de gestão é um elemento organizador. Ao longo do tempo, apareceram novos modelos de gestão, com lógicas distintas, naturalmente direcionados a obter maior eficiência e produtividade. Eles se propõem a ser um mapa que nos permite navegar em determinado território. A seguir, apresentamos alguns exemplos de modelos de gestão atuais.

O primeiro modelo de gestão é o da Embraer. Nele, podemos ver os valores organizacionais no centro, ladeados por pessoas, conhecimento, inovação, processos e estratégia e planos. Porém, logo após, ele pauta as relações da liderança, com diferentes *stakeholders* (indivíduos e organizações impactados positiva ou negativamente pelo projeto de mudança, ou aqueles que podem influenciar o resultado do projeto), por meio de demandas e resultados. Isto é, apesar de já mostrar alguns elementos sistêmicos e humanistas, ainda é um modelo de entrada e saída.

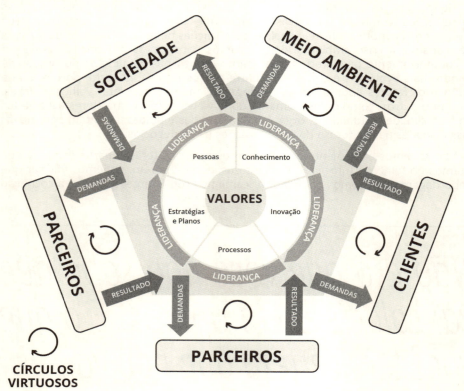

Fig 2. Modelo de Gestão da Embraer

CAPÍTULO 1: A GESTÃO NAS ORGANIZAÇÕES

Agora, veremos o modelo de gestão da Copersul, petroquímica, e, em seguida, o da Gerdau, siderúrgica. Ambos são predominantemente racionais e lineares, com base nas estratégias, eficácia operacional, posição competitiva, consolidação no negócio, geração de valor com o acionista, ou seja, são modelos de gestão típicos.

Fig 3. Modelo de Gestão da Copesul

Fig 4. Modelo de Gestão da Gerdau

A seguir, vemos o modelo de gestão da Promon, uma empresa de engenharia. Seria o desenho de um cata-vento que gira, mas ele é bem linear, tendo, entre outros, o desempenho econômico, parceiros e fornecedores como elementos.

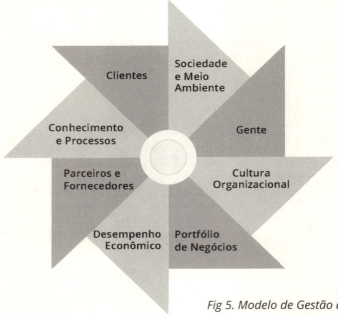

Fig 5. Modelo de Gestão da Promon

Já o modelo de gestão da consultoria de gestão Falconi firma-se na metodologia de PDCA (*Plan, Do, Check, Act*) em ciclos contínuos. Ele nasce da formulação estratégica, passa pelo desdobramento de diretrizes, que surge do gerenciamento da rotina, dos ciclos PDCA, da gestão de projetos e segue até a gestão de desdobramento de metas. Nele, tudo pode ser medido. O que não for mensurável não é gestão.

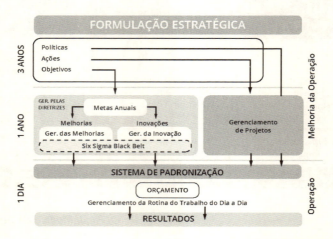

Fig 6. Modelo de Gestão da Falconi

O modelo da Fundação Nacional da Qualidade, que possui reconhecida excelência em gestão, considera o resultado como o maior elemento. Também apresenta informações e conhecimentos e alguns elementos referenciando clientes, liderança e sociedade. Estratégia e planos, pessoas e processos focam no grande resultado. Quem mede a qualidade da gestão, em geral, define uma empresa de boa qualidade de gestão com base nos bons frutos que ela produz. Só que, como sabemos, uma empresa que é bem gerida pode ter um desempenho ruim e, em contrapartida, uma empresa mal gerida pode gerar bons resultados.

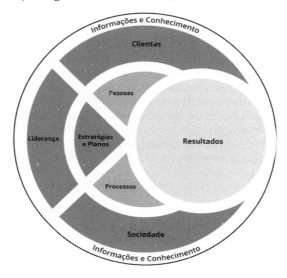

Fig 7. Modelo de Gestão da Fundação Nacional da Qualidade

No fundo, todos sabemos que, quando fazemos a transposição desses modelos de gestão lineares para o cotidiano, eles simplesmente não acontecem. Na hora em que tomamos uma decisão, sabemos que a realidade se transforma momento a momento. Toda a decisão de gestão é carregada de tensão entre o agora e o futuro. Mas é essa tensão que gera movimento. É por isso que uma das abordagens mais inovadoras e realistas de gestão é a holocracia. Adiante, veremos que ela revela como liberar a tensão do sistema para que ele evolua.

É importante resgatarmos aqui que, em vez da ideia de planejar e controlar, o que faz com que uma gestão eficiente ocorra é a consciência e a habilidade de saber lidar com o que é emergente. Sempre teremos alguma coisa nova ou inesperada acontecendo que, certamente, terá impacto em nossos sentimentos e pensamentos, na forma como operamos e no jeito como esse sistema precisa se desenhar. Nesse caminho, como norte, devemos apenas ter em mente a dimensão objetiva, ou seja, os resultados que almejamos obter e a dimensão concreta que queremos trabalhar.

Se entendemos que não é adequado analisar uma organização de forma mecânica, tampouco é correto entender uma organização como um organismo vivo. A inconsistência dessa metáfora reside principalmente no entendimento de que, em um organismo vivo, as células operam o tempo todo dentro do corpo, em função dele e para ele, ao passo que uma organização é composta por indivíduos com alto grau de autonomia (mesmo que algumas vezes não a exerçam) em relação à organização — eles podem se desligar, trabalhar em outras organizações ou dar novos rumos à sua carreira. As pessoas não permanecem 24 horas por dia nas organizações e não vivem em função delas. Esse fato implica enormes distinções entre a organização e o comportamento de um ser vivo, que é muito mais complexo do que o funcionamento de um negócio. Essa visão impacta diretamente na tendência para a perda de flexibilidade, na crescente tensão provocada pelo abafamento de conflitos e no engessamento de processos e da produtividade em decorrência da ideia subjacente de que a organização deve construir suas decisões com base em consensos absolutos que revelem seus valores. Para um aprofundamento nessas importantes distinções entre organismos vivos e organizações sociais, recomendo a leitura do artigo "Hólons, Artefatos e Amontoados (e suas hierarquias correspondentes)", de Fred Kofman[11], traduzido no Brasil por Ari Raynsford.

A melhor definição do que entendemos por uma empresa ou organização social que precisa ser gerida é: **"Um sistema social aberto composto de indivíduos e suas relações, com valores e propósito compartilhados, que geram produtos tangíveis e intangíveis para o desenvolvimento da sociedade"**. Ou seja, em vez de um sistema fechado e mecânico, com *inputs* e *outputs* conhecidos, um negócio é um sistema social aberto em profunda interação com seu contexto por meio de fluxos de geração de valor. Quando alguém dentro da organização muda de modelo mental, ele interfere no processo. E toda vez que interferimos em um processo, alteramos o modelo mental das pessoas que participam dele.

DO PROPÓSITO AO IMPACTO

Há enormes e sutis implicações em olhar para uma organização por uma lente de maior complexidade. A maior delas é que dualidades antes tão palpáveis, como Resultado *versus* Propósito, Meios *versus* Fins, Curto Prazo *versus* Longo Prazo, Dentro *versus* Fora e Macro *versus* Micro, começam a perder força como unidades independentes manipuláveis e controláveis. Ao aceitar esses paradoxos, reconhecemos que não há oposição real entre essas dimensões aparentemente antagônicas. O desafio está em abraçar a incerteza e manter um olhar antenado e um espírito diligente que abarca e sustenta todas essas dimensões, fazendo escolhas momento a momento com o único intuito de permitir que os valores fluam, possibilitando à organização expressar seu Propósito a serviço do todo.

As organizações estão contidas na sociedade, influenciando e sendo influenciadas o tempo todo pelo contexto maior. Em uma simplificação com finalidade didática, podemos ver um fluxo (*na figura a seguir*) em que uma organização recebe insumos e *inputs* do macroambiente, filtra-os por meio de sua identidade e os processa em criação de valor que se reverte como impacto no macroambiente. Apesar de óbvio para a maioria de nós, não costumamos ter em mente que este processo não é linear e permeável ao longo de suas diversas camadas. É muito comum por exemplo, organizações seriamente dedicadas a um propósito nobre emularem os vícios de relacionamentos e jogos de poder que amplificam o pior das pessoas e da sociedade. Qual é o impacto positivo nesse contexto, se, no final de um dia de trabalho em favor de alguma causa edificante, as pessoas retornam ao lar esgotadas, depressivas e afetam seus familiares e concidadãos com sua pior faceta?

---

11. https://www.ariraynsford.com.br/artigos-e-textos/holons-artefatos-e-amontoados

Mais uma vez, meios e fins, propósito e resultado, macro e micro, dentro e fora, entre outras aparentes contradições, precisam ser cuidadas o tempo todo com o propósito de criar valor que afete positivamente a sociedade.

No sentido de atuarmos de forma consciente e propositiva nesse contexto, nossa abordagem se inicia com um quadro de grande perspectiva, considerando três importantes aspectos pelos quais toda organização está imbricada. Nele, a organização aparece como elemento central pela única razão de que é nosso objeto primordial de exploração e atuação neste livro.

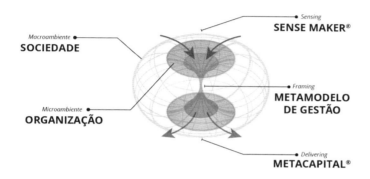

Fig 8. *Metaframe Integral: alinhando Visão, Gestão e Impacto*

Nesse *Metaframe*, temos um primeiro fator, que é a organização recebendo influência do contexto maior do macroambiente. Assim, o meio em que a organização está inserida é a maior preocupação e precisamos entendê-la pela lente da complexidade. No início dessa jornada, portanto, temos de entender a complexidade emergente em que a organização está enquadrada, utilizando as ferramentas disponíveis para sentir e interpretar a realidade ao nosso redor. Dedicaremos no próximo tópico atenção a esse tema.

A seguir, a organização produz o valor a que se destina. Então, temos o ambiente organizacional propriamente dito, acionado pelas ferramentas de gestão tradicionais e inovadoras para lidar com a complexidade cada vez mais inerente ao exercício profissional. Para isso, temos como maior recurso o **Metamodelo Integral de Gestão**, tema principal deste livro.

Logo após, nosso olhar se dirige para o valor gerado pela organização que impacta o macroambiente. Esse montante está além dos resultados na forma de lucro e retorno sobre investimento e do famoso *Triple Bottom Line* (Financeiro, Social e Ambiental). O impacto positivo ou negativo gerado será **profundo** (mudanças na experiência dos *stakeholders*), será **claro** (alterações na performance/comportamento dos *stakeholders*), será **amplo** (revisão nas relações entre os *stakeholders*) e será **alto** (ajustes nos sistemas dos *stakeholders*), todas essas perspectivas do macroambiente são afetadas o tempo todo, esteja a organização consciente ou não. E, caso não esteja, terá sérias implicações.

Vamos abordar os tipos de impacto e como atuar sobre eles no Capítulo 4 deste livro: *"A Estrutura de Metaimpacto"*, escrito pelo nosso parceiro Sean Esbjörn Hargens, um dos criadores do modelo e fundador da *Metaintegral Associates*.

Cada um desses momentos do *Metaframe* tem uma lógica própria e detalhamento, camadas de causalidade e impactos no tempo. E mais: possui um foco, uma lente de observação e *práxis* próprias, com ferramentas específicas indicadas.

Para dar um passo além na apresentação da complexidade envolvida no processo, o próximo quadro mostra em detalhes os três grandes momentos do Metafluxo e suas camadas de causalidade (Sentir o Macroambiente, Processar o Valor e Medir o Impacto).

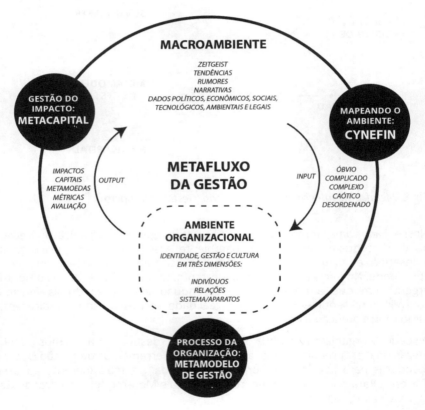

Fig 9. Metafluxo de Gestão

Muitas organizações da sociedade civil (institutos, fundações e agências de cooperação) apoiam-se em uma robusta metodologia chamada Teoria e Mudança[12], originária no *Roundtable on Community Change*. Segundo a socióloga norte-americana Carol Weiss (1927-2013), uma das principais formuladoras do conceito, a Teoria de Mudança representa uma abordagem que tenta responder a três perguntas fundamentais: "**Por que é tão difícil compreender os pressupostos sobre os quais as mudanças sociais estão apoiadas?; Por que as fases que antecedem os resultados finais e que mostram como uma política ou programa se desdobra nas comunidades são tão pouco evidentes e explicitadas?**; e **Por que os** *stakeholders* **tipicamente desconhecem o caminho e os desdobramentos dos programas com os quais se relacionam?**".

Essa metodologia se relaciona ao nosso *Metafluxo*, e o convite é que as organizações da sociedade civil possam enriquecer sua Teoria de Mudança pelo **Metamodelo Integral de Gestão**, da mesma forma que encorajamos que organizações privadas se inspirem e ativem uma Teoria de Mudança como parte do seu *core* estratégico.

No contexto de nosso *Metaframe*, a Teoria de Mudança pode ser introduzida como o elo entre a leitura (*sensing*) do Macroambiente e sua Identidade. Utilizamos a Teoria de Mudança em muitos trabalhos com organizações que buscam estabelecer uma bandeira, uma causa primordial para alavancar impacto e entregar valor para a sociedade.

A GESTÃO NO CONTEXTO ATUAL E A NATUREZA DOS SISTEMAS COMPLEXOS

Sistemas Complexos

Atualmente, a primeira coisa que devemos ter em mente ao falar de qualidade de gestão é identificar a dinâmica dos contextos nos quais ela está inserida. É preciso distinguir as variáveis internas e externas inerentes a determinada organização para podermos reconhecer os principais elementos envolvidos em seu processo de gestão. Esse olhar deve trazer uma lógica mais abrangente, relacionada aos sistemas complexos, e espelhar os sistemas naturais não lineares. E, para que possamos ter esse olhar, essa lógica que busca um sistema de gestão adequado a ambientes de alta complexidade, precisamos desenvolver o que chamamos de **Metamodelo Integral de Gestão**, um mapa (e não um terreno) baseado nas perspectivas dos diferentes Níveis de Consciência e na teoria dos sistemas complexos por meio do qual as organizações podem navegar pelos desconhecidos e imediatos territórios que initerruptamente surgem no horizonte. Com o **Metamodelo Integral de Gestão**, reconhecemos com maior abrangência a realidade vivida pelas organizações para, a partir daí, realizarmos evoluções, mudanças e adequações em seus sistemas para as diferentes, e muitas vezes imprevisíveis, possibilidades do porvir. É importante ressaltar que o mapa não dá respostas prontas do que fazer em cada situação, mas oferece um *checklist* do que se deve levar em conta, do que não pode ser esquecido e aponta pistas para a avaliação das dinâmicas essenciais presentes no sistema.

A necessidade de as organizações encontrarem outras formas de gerir está ocorrendo no mundo todo, não porque os gestores acham que é "legal" ou por

---

12. https://www.youtube.com/watch?v=6zRre_gB6A4

simplesmente quererem inovar. É porque as organizações estão com sérias dores e, por essa razão, para elas, isso se faz absolutamente urgente. Hoje, a maioria das indústrias está sofrendo com as disrupções que estão continuamente matando as grandes empresas a uma velocidade assustadora. E, como afirmou o consultor Alan Watkins (1933-2010), que escreveu o livro *Wicked & Wise: How to Solve the World's Toughest Problems* (ainda sem tradução no Brasil) em coautoria com o filósofo e pensador estadunidense Ken Wilber, os problemas não são naturais. Eles são criação dos seres humanos e seus sistemas e nada mais.

É muito importante mantermos esse *insight* de Watkins em mente, pois o mundo nunca mais será tão calmo e tranquilo como é agora (pelo menos da perspectiva de quem olha do futuro para o passado). Ao contrário do que muitos pensam, ele só vai aumentar em volatilidade e complexidade. Problemas não faltarão. A partir dessa consciência, quando olhamos para as várias indústrias que disruptivamente evoluem hoje (por exemplo, dos segmentos de tecnologia, nanotecnologia, inteligência artificial, medicina exponencial e genética) percebemos que, para manter uma organização viva, é preciso que estejamos constantemente atentos aos novos mapas que o **Metamodelo Integral de Gestão** ajuda a desenhar, a fim de navegarmos por esses novos territórios que não param de surgir à nossa frente.

Por outro lado, a ideia de complexidade e ambiguidade, de não ter respostas certas e claras, sempre esteve presente na nossa história, desde o princípio da cultura humana. Afinal, toda vez que olhamos para a realidade, temos de lidar com paradoxos. E a melhor maneira de lidar com eles não é tentar achar o certo e o errado e resolver, mas, sim, sustentá-los ao mesmo tempo e buscar o melhor equilíbrio para as diferentes situações que vamos viver. Uma das formas de transformar volatilidade em clareza de visão é estabelecer uma distância da realidade que queremos analisar para, assim, ampliar nosso campo de entendimento e deixar mais à vista uma parte maior do cenário envolvido, tal como quando olhamos um mapa. Sem falar nos ganhos de clareza que a distância emocional também garante. À distância, tomamos consciência de que não temos controle e certezas sobre a situação e desenvolvemos a capacidade de compreender melhor esse ambiente e de navegar nele.

É desse modo que podemos entender a dinâmica de um sistema complexo e ganhamos maior clareza sobre como ele funciona. Porém, ao reconhecermos as características do sistema, ou seja, sua agilidade, suas polaridades e paradoxos, corremos o risco de estagnarmos e perdermos agilidade e responsividade. Mais à frente, falaremos sobre por que motivo geralmente paralisarmos diante desses ambientes e como evitar que isso aconteça.

Quando cenários absolutamente inesperados surgem, procuramos fazer engenharia reversa, isto é, acompanhamos os fatos do presente em direção ao passado para tentar explicar o que aconteceu, mas ninguém pode afirmar que alguém, por mais atento que estivesse aos movimentos e aos fatos da época, tinha a mais pálida ideia deles. E o oposto também é verdadeiro. Toda vez que antecipamos uma mudança importante no sistema, que prevemos com muita certeza que algo vai se dar, essas previsões acabam por não se concretizar. Isso ocorre porque o sistema, por ser complexo e afetar direta e continuamente o contexto e o modelo mental das pessoas, de alguma forma, se prepara.

Um bom exemplo disso foi o *"bug* do milênio" na virada do ano de 1999 para 2000. Na época, vários especialistas em informática alertaram que os computadores, programados apenas para registrar datas no formato 19XX, não conseguiriam "entender" a entrada dos anos 2000 e passariam a registrar que estávamos em 1900 ou, simplesmente, deixariam de funcionar. Com grande repercussão na mídia, as consequências do *bug* do milênio seriam catastróficas. Diziam que, entre outras desgraças, ficaríamos sem fornecimento de energia elétrica e que, até mesmo, corríamos o risco da detonação de bombas nucleares. Tudo que estava sob controle dos computadores poderia entrar em colapso se seus sistemas não fossem atualizados. Pessoas no mundo todo, em especial nos Estados Unidos, estocaram comida e água, porque os sistemas não funcionariam e não haveria mais dinheiro, já que os registros bancários iriam desaparecer. Mas, como sabemos, esse foi um pânico coletivo que não deu em nada. Muitos se anteciparam e se prepararam para o desastre com tanta intensidade e amplitude que ele simplesmente não ocorreu.

Para que um sistema complexo, como o de uma empresa, por exemplo, se adapte e sobreviva às contínuas mudanças do meio, a melhor característica que ele deve ter não é a resiliência. O sistema resiliente traz a ideia que, diante de uma situação caótica ou de uma tempestade, ele verga, mas não quebra, voltando a ser do mesmo jeito que era antes de ser desafiado. Porém, apesar de muitos acreditarem que essa seja a melhor característica de adaptabilidade que um sistema pode ter, na verdade, é o seu potencial de ser "antifrágil" que o fará ainda mais forte após as variações imprevisíveis que, inevitavelmente, encontrará.

No livro *Antifrágil — Coisas que se beneficiam com o caos*, lançado no Brasil pela Editora Best Business, de Nassim Nicholas Taleb, autor também do *best-seller* internacional *A Lógica do Cisne Negro*, ele apresenta o conceito de antifrágil e explica que ele, como um sistema, aprende a se fortalecer diante de uma disrupção ou caos. Um dos exemplos de sistemas antifrágeis citados é o Vale do Silício, nos Estados Unidos, onde continuamente empresas de tecnologia iniciam suas atividades, viram um fenômeno mundial e logo precisam se adaptar, se renovar, para não se fragilizar e deixar de existir.

O sistema de restaurantes de São Paulo, no Brasil, é outro exemplo de um sistema antifrágil. Sempre vemos espaços novos abrindo e muitos fechando, mas o grande número de opções gastronômicas da capital paulista permanece porque o sistema tem essa capacidade de se renovar, mesmo em períodos de grave crise econômica.

O Modelo Cynefin

Ainda sobre os sistemas organizacionais, temos a interessante ideia do modelo *Cynefin*, que pode oferecer aos tomadores de decisão um "senso de lugar", a partir do qual é possível visualizar de forma mais adequada as situações e os desafios que surgem no dia a dia. *Cynefin* é uma palavra galesa que significa "hábitat", "espaço de pertencimento". O criador do modelo, o britânico Dave Snowden, fundador da consultoria *Cognitive Edge*[13] e um dos maiores especialistas em complexidade no mundo, usa o termo para se referir à ideia de que todos nós temos conexões (culturais, religiosas, geográficas etc.), das quais podemos não estar cientes.

O modelo *Cynefin* oferece quatro contextos para a tomada de decisão ou "domínios": **Claro**, **Complicado**, **Complexo**, **Caótico**, e um centro chamado **Confuso** (Fig. 10).

---

13. https://cognitive-edge.com/

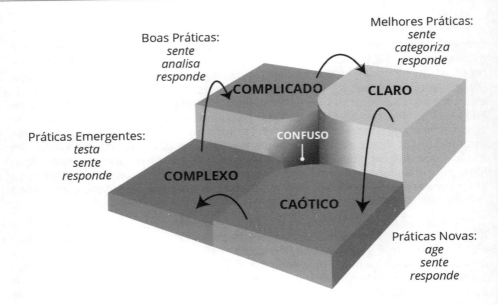

Fig 10. O modelo Cynefin

Claro

O domínio do Claro representa os "conhecidos/conhecidos". Isso significa que existem regras em vigor (ou melhores práticas), a situação está estável e a relação entre causa e efeito é clara: se você faz X, espere X. A recomendação para a tomada de decisão em tal situação é **"sentir-categorizar-responder"**: estabelecer os fatos ("sentir"), categorizar e depois responder seguindo a regra ou aplicando as melhores práticas.

Esse é o domínio das estruturas legais, dos procedimentos operacionais padronizados e das práticas que comprovadamente funcionam. "Nunca deixe de seguir os procedimentos"; "Sempre conquiste o consenso"; "Nunca termine a reunião sem obter o compromisso de todos"; "As metas são fixas e devo sempre superá-las". Aqui, a tomada de decisão está diretamente no campo da razão: encontre a regra apropriada e aplique-a.

Snowden afirma que os gerentes devem tomar cuidado ao forçar situações nesse domínio, simplificando demais, com "pensamentos viciados" (ficando cegos para novas formas de pensar ou tornando-se complacentes). Quando o sucesso gera complacência ("a melhor prática é, por definição, a prática passada"), pode haver uma mudança catastrófica no sentido horário da matriz (*Fig. 10*) para o domínio caótico. Ele recomenda que os líderes forneçam um canal de comunicação, se necessário anônimo, para que alguém (por exemplo, da força de trabalho) possa alertar sobre a complacência.

Complicado

O domínio do Complicado consiste nos "desconhecidos/conhecidos". A relação entre causa e efeito requer análise ou perícia; existe uma gama de respostas certas possíveis. O modelo *Cynefin* recomenda **"sinta-analise-responda"**: avaliar os fatos, analisar e aplicar as boas práticas operacionais apropriadas. Um bom exemplo é o programa de computador *Deep Blue*, que joga xadrez como se fosse um problema complicado, olhando para todas as sequências possíveis de movimentos.

Complexo

O domínio do Complexo representa os "desconhecidos/desconhecidos". Causa e efeito só podem ser deduzidos em retrospecto, e não há respostas certas. O modelo **Cynefin** chama esse processo de **"sondar-sentir-responder"**. Os campos de batalha, mercados, ecossistemas e culturas corporativas, são sistemas complexos que são imunes a uma abordagem reducionista, porque seus próprios atos mudam a situação de maneira imprevisível.

Caótico

No domínio do Caótico, causa e efeito não são claros. Eventos nesse domínio são muito confusos para esperar por uma resposta baseada em conhecimento. Ação — qualquer ação — é a primeira e única maneira de responder apropriadamente. Nesse contexto, os gerentes *"atuam-sentem-respondem"*: agem para estabelecer a ordem; em busca da estabilidade, eles procuram transformar o caótico em complexo.

Nesse domínio, o trabalho imediato de um líder não é descobrir padrões, mas, sim, estancar o sangramento. Ele deve primeiramente agir para estabelecer a ordem, então perceber onde a estabilidade está presente e onde está ausente e só depois responder trabalhando para transformar a situação levando-a do caos à complexidade, cuja identificação de padrões emergentes pode tanto ajudar a prevenir futuras crises quanto discernir novas oportunidades. A comunicação do tipo *top-down* mais direta (modalidade que permite o entendimento mais completo de um planejamento a partir da direção da empresa) é imperativa; simplesmente não há tempo para pedir informações. Os ataques de 11 de setembro de 2011 são um exemplo da categoria caótica.

Confuso

O domínio Confuso (ou não ordem) no centro representa as situações em que não há clareza sobre qual dos outros domínios se trata. Por definição, é difícil ver quando ele é aplicável. "Aqui, múltiplas perspectivas disputam a proeminência, os líderes das facções discutem uns com os outros e a cacofonia impera", escreve Snowden. "A saída deste reino é decompor a situação em partes constituintes e atribuir cada uma a uma das outras quatro esferas. Assim, os líderes podem então tomar decisões e intervir de maneira contextualmente apropriada[14]."

Os domínios oferecem um "senso de lugar" a partir do qual podemos analisar o comportamento e os fatores em questão e tomar decisões mais acertadas. Os domínios à direita, Claro e Complicado, são "ordenados": causa e efeito são conhecidos ou podem ser descobertos. Os domínios à esquerda, Complexo e Caótico, são "não ordenados": causa e efeito só podem ser deduzidos posteriormente ao ocorrido ou nem assim.

Movendo-se por domínios

À medida que o conhecimento aumenta, há uma "deriva no sentido horário" do Caótico para o Complexo e do Complicado para o Claro. Da mesma forma, um "acúmulo de vieses", complacência ou falta de manutenção podem causar uma "falha catastrófica": um movimento no sentido horário de Claro para Caótico,

---

14. Snowden, David J.; Boone, Mary E. "A Leader's *Framework* for Decision Making". Harvard Business Review, p. 69–76, novembro de 2007.

representado pela "dobra" entre esses domínios. Pode haver movimento no sentido anti-horário quando as pessoas morrem e o conhecimento é esquecido, ou quando as novas gerações questionam as regras; e um empurrão no sentido anti-horário, do Caótico ao Claro, pode ocorrer quando a falta de ordem faz com que as regras sejam impostas repentinamente.

A partir desse modelo, é do nosso entendimento que as organizações e empresas deveriam passar 80% do tempo no domínio do Complicado e do Complexo. Em vez disso, a maioria despende muitos esforços no domínio do Claro, no qual as coisas são mais tangíveis, a melhoria é contínua e linear e tudo pode ser mensurado por métricas regulares. É a dimensão do "mais do mesmo mais rápido". Porém, boa parte das questões principais das organizações está no domínio do Complexo e do Complicado.

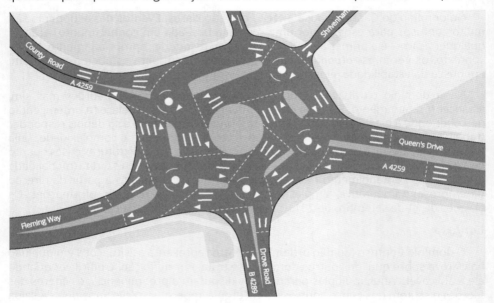

Fig. 11. A Magic Roundabout nos arredores de Londres, Inglaterra.

Dave Snowden usa um excelente exemplo para representar o que seria um sistema complexo: a *Magic Roundabout*, uma rotunda que fica perto de Londres (*Fig. 11*). Apesar de, a princípio, ela parecer indecifrável e confusa, a elaborada rotunda inglesa apresenta fronteiras bem delimitadas, um dos principais aspectos da natureza dos sistemas complexos. Existe uma forma de operar aqui bem específica, com restrições e limites claros. E, dentro dessas fronteiras, o sistema funciona por meio das escolhas de seus agentes. Aqui, não necessariamente o caminho mais curto é o melhor e mais rápido. A única coisa que precisamos saber são as regras de como operar. Próximos a essa rotunda, existem um estádio de futebol, uma sede da Dell e um grande hospital. A rotunda nunca para, porém ninguém bate. Nela, o nível de acidentes é muito baixo.

A maior parte do que acontece em uma organização está no domínio do Complexo, no qual causa e efeito só podem ser deduzidos em retrospecto, e não há respostas certas. O modelo **Cynefin** chama esse processo de **"sondar-sentir-responder"**. Os campos de batalha, mercados, ecossistemas e culturas corporativas, são sistemas complexos imunes a uma abordagem reducionista porque seus próprios atos mudam a situação de maneira imprevisível.

Os agentes são importantíssimos em um sistema complexo. E o que são eles em um sistema organizacional? São as pessoas, obviamente, mas dentro de um papel que o sistema lhes confere. Esse é um conceito fundamental. Cada indivíduo possui vários papéis na vida, dependendo do momento em que está: profissional ou pessoal. A forma como está se desempenhando e expressando um papel interfere diretamente no contexto e no sistema organizacional. E esses, por sua vez, interferem de volta com os indivíduos e na maneira como executam seus papéis.

É essencial entender que, dentro de um sistema complexo, essa dinâmica de influências está acontecendo o tempo todo, diferente da forma tradicional de olhar uma organização, como se ela fosse um artefato de engenharia e não participássemos dela. Na verdade, sempre fazemos parte. No momento que alguém muda seu modelo mental, ele já começa a afetar o sistema. Assim, no momento que a organização adota um novo modelo que altera alguma coisa, ela afeta nossa relação com o sistema, que, por sua vez, pode interferir em nosso modelo mental. Isso se dá o tempo todo de forma implícita, subjetiva e tácita, sempre influenciando o sistema.

É por isso que muitas das intervenções em uma organização falham. Porque partem do princípio de que, se instalar na organização algum modelo pronto, típicos de consultoria, vão conseguir alterar o sistema dentro do previsto. "Você está aqui e deveria estar aqui", que é o que, em geral, as consultorias falam. Mas, nos sistemas complexos, a informação deve vir antes do modelo, e não o contrário. Acaba que sempre estamos fazendo uma intervenção exógena (não nativa) dentro do sistema que, seguramente, vai gerar consequências inesperadas e impossíveis de ser mapeadas. Isso acontece porque aquilo que está sendo interpretado encontra-se no nível subjetivo, tácito e implícito de como as pessoas e os fatores operam, não no objetivo, expresso e explícito.

Todos que trabalham em uma organização já viram isso várias vezes. Também perceberam como essas intervenções geram consequências inesperadas. Portanto, quando pensamos em uma intervenção, devemos levar em conta a complexidade de uma organização, sua cultura, sua estratégia, o nível de desenvolvimento da liderança, como se dá o relacionamento entre pares e colaboradores etc. Tudo isso está no domínio da complexidade.

E o que é do domínio do Claro? Uma linha de produção é simples, porque existem a entrada da matéria-prima, o processo de produção e a saída. Tudo perfeitamente passível de planejamento. Logo, devemos procurar as melhores práticas para um sistema simples. Vamos comprar os melhores equipamentos para termos a mais adequada linha de montagem a determinada produção. Vamos treinar os colaboradores para que sejam o mais produtivo possível para o que aquela linha foi desenhada e vamos começar a planejar e controlar. E o que é do domínio do Complicado em uma organização? O *Supply Chain*, ou seja, a logística, geralmente é complicada. Ele tem múltiplas entradas e múltiplas saídas. Mas é bem planejado e estruturado. O avião é outro sistema Complicado, pois você tem um milhão de cabos chegando à cabine do piloto, além de diversos subsistemas, tudo duplicado. Nesse caso, precisamos de especialistas. Aqui, não precisamos da melhor prática, mas de um especialista para desenhar a melhor solução. E, no domínio do Caótico, está uma mobilização social, por exemplo. Não sabemos onde nem como começou, mas percebemos seu grande impulso de energia. A diferença entre o Caótico e o Complexo é que o Caótico não tem fronteira. Já o Complexo as tem bem claras.

E é assim que deveríamos estar navegando o tempo todo nas organizações, de forma continuamente adaptativa, nos domínios do Complicado e do Complexo. As ações ideais deveriam envolver, diante de algum desafio ou mudança, em primeiro lugar o lançamento de um protótipo. Se ele fizer sentido, então ampliamos sua escala. Obviamente, quando falamos de grandes organizações, quando se trata de escalar algo, tudo se torna ampliado. Aí você precisa ter múltiplos protótipos funcionando. A intervenção no sistema deve ser coerente para que um protótipo faça sentido para determinado contexto. O protótipo é seguro em caso de falhas. É importante notar que existe uma diferença entre protótipo e piloto. O piloto é fazermos em escala menor o que já seria o desenho perfeito. É pegarmos um produto pronto e acabado e lançá-lo em um mercado menor que, se der errado, não causa muito estrago na marca. Já o protótipo permite que sejam feitas várias experimentações e adaptações. Nesse modelo, podemos trabalhar com o conceito de MVP (*Minimum Viable Product*), ou seja, criamos o produto mais simples possível dentro do conceito original, perfeito o suficiente apenas para ser lançado. A partir de seu lançamento, começamos a receber informações do sistema todo, o que nos possibilita ter os dados necessários para melhorar o protótipo ou para tirá-lo muito rapidamente de circulação. E ele precisa ser granular a fim de estar espalhado pelo sistema para termos uma boa quantidade de cognição distribuída. Ou seja, dentro de um sistema, há vários tipos de modelos mentais espalhados. Então, quando espalhamos os protótipos, passamos a distinguir o que funciona ou não. Dessa forma, estaremos sempre em um ambiente de laboratório mais confiável e seguro, em beta, em um cenário imperfeito por definição. O modelo mental antigo diz que basta planejar que, um dia, tudo vai ser perfeito, todas as coisas vão funcionar, todas as metas serão batidas. Essa lógica de planejamento e controle não tem mais lugar na administração de sistemas complexos.

"*É hora de criar modelos que possuem a complexidade que tornam obsoletos os sistemas mais antigos. E, à medida que podemos fazer isso e fazer isso rapidamente, acho que podemos fornecer o que será necessário para uma grande inovação no futuro.*"

- Don Edward Beck

CAPÍTULO 2:
O METAMODELO INTEGRAL DE GESTÃO
Suas Dimensões e Formas de Implementação

Para que as mudanças estratégicas e/ou estruturais em uma organização realmente aconteçam, elas devem passar por uma transformação ou evolução cultural de seu sistema. Porém, em geral, as consultorias e boa parte das análises de cultura organizacional atualmente veem as mudanças culturais de uma perspectiva, no nosso entender, equivocada. Elas buscam compreender a cultura que predomina em uma empresa, qual a cultura desejada e desenham os indicadores para onde querem chegar. O problema nesse caso é que estão usando a ciência errada para tratar do tema. Ou seja, estão tentando aplicar metodologias de engenharia para resolver um ponto que deveria ser abordado pela antropologia, que estuda as culturas humanas. A solução que essa disciplina sugere para questões culturais é diferente. Os consultores alicerçados na antropologia chegam a um espaço, observam o comportamento, entendem por que as coisas estão naquele estado e ajudam as pessoas até que elas entendam por que elas se comportam de determinada forma, ações que até elas mesmas não conseguiam explicar. Essas intervenções devem ser feitas de dentro para fora do sistema ou correm o sério risco de não produzirem efeito por falta de legitimidade.

As companhias interagem e são afetadas o tempo todo por elementos internos e externos. Elas são conjuntos estruturados por pessoas que, por meio de suas relações, símbolos e sistemas, compartilham Propósitos e Valores que geram produtos tangíveis e intangíveis que contribuem para o desenvolvimento da sociedade. Toda empresa começa com um contrato social e não particular, porque, no fundo, deve gerar algum benefício coletivo.

Se imaginarmos os elementos internos e externos de uma organização (apesar de isso ser apenas uma ficção da visão tradicional de planejamento, uma vez que não existem fronteiras tão definidas nos sistemas abertos), entendemos que a parte interna é composta pelos colaboradores, pela empresa e pelos limites de seus muros. Já a parte externa são seus clientes e tudo o que acontece fora da organização. Quando deixamos de lado essa visão segmentada, podemos enxergar os múltiplos e diferentes públicos de relacionamento que estão a serviço de um mesmo Propósito Organizacional.

IDENTIDADE ORGANIZACIONAL

Mas, se não devemos levar em conta os limites de uma organização, afinal, o que a distinguiria de outras organizações e do macroambiente? Esse é um dos pontos fundamentais na proposta do **Metamodelo Integral de Gestão**: a identidade das empresas. O que definimos como identidade organizacional, algumas companhias chamam de Missão, Valores e Propósito. É aquilo que explicita para as empresas por que realizar determinada tarefa. É algo que transcende os produtos oferecidos e os serviços prestados. Refere-se àquela dimensão que oferece à organização a possibilidade de se perpetuar e atravessar o tempo: sua razão de ser.

O que temos percebido no trabalho com diversas empresas e no estudo do tema é que as organizações que permanecem atuantes por um longo período são aquelas que conseguem ter uma identidade que resvala em uma dimensão filosófica, em uma relação existencial, transcendente, espiritual, ou seja, na chance que ela dá às pessoas de se engajarem em uma causa comum. Uma identidade empresarial forte, duradoura e que agrega um maior número de pessoas deve estar sustentada em ideais perenes e filosóficos, que conectam as pessoas a algo além de ganhar dinheiro, de seus produtos e de sua marca. É uma identidade superior, que pede uma gestão que se desdobra nos indivíduos, nas relações e nos sistemas.

Sempre que uma nova realidade emerge no horizonte de uma organização, ela é filtrada por sua identidade. Não de forma explícita e concreta, mas, sim, implícita. Ao mesmo tempo em que os novos fatos acontecem externamente, eles se desdobram internamente nos indivíduos, nas relações e nos sistemas organizacionais. Porém, na visão de muitas consultorias, estamos lidando com sistemas fechados, lineares e previsíveis, nos quais é possível planejar e controlar tudo.

Entretanto, a realidade vem mostrando que tal pretensão é impossível de ser verdadeira. Isso ocorre porque as empresas querem acreditar que é possível criar, em cenários de alta complexidade e voláteis como os que vivemos atualmente, o futuro que elas gostariam que se concretizasse. Postura fantasiosa que acaba por causar mais entropia do que soluções. Mais eficaz e realista é a ideia de gestão dinâmica, que substitui a lógica de planejamento e controle por uma atenção sensível constante aos fatos, com rápida resposta à medida que eles emergem. Ou seja, a única certeza que uma organização pode ter quando estabelece uma estratégia é que ela não vai acontecer da forma como foi desenhada. O que não quer dizer que elaborar uma estratégia não seja preciso. Planejar é importante para criar um entendimento em relação à direção na organização e até para poder avaliar e mudar de direção, se necessário. Mas é só por meio de uma gestão dinâmica que vamos liberando a atenção da organização das metas estabelecidas (e muitas vezes caducas) em cenários antigos para a construção contínua e adaptada de uma direção e de uma estratégia que funcionarão apenas como um norte, nos permitindo navegar dinamicamente pelos mais inesperados oceanos.

DIMENSÕES DA ORGANIZAÇÃO

Toda organização pode ser entendida por três perspectivas, ou dimensões, que coexistem e emergem simultaneamente: **Indivíduos**, **Relações** estabelecidas entre eles e **Organização** dos processos e procedimentos de gestão (sistemas). Essas três dimensões possuem características particulares e um desenvolvimento próprio, mas são indissociáveis e se influenciam mutuamente.

Atualmente, vemos os líderes dando tratamento desigual às três dimensões. A ênfase, normalmente, fica com a dimensão coletiva da organização, aos sistemas e aos resultados econômicos. As dimensões dos indivíduos e das relações são vistas como um "meio" para obter os resultados organizacionais impessoais e objetivos. Isso decorre de uma visão de mundo mecanicista e reducionista.

Fig. 12. Elementos e dimensões do Metamodelo Integral de Gestão

Para o **Metamodelo Integral de Gestão**, as três dimensões são de fundamental e equivalente importância e devem receber profunda atenção.

Na dimensão dos **Indivíduos**, o vínculo de determinada pessoa com a organização se dá, antes de qualquer outro fator, por um contrato psicológico. Esse contrato, tema sobre o qual nos aprofundaremos adiante, é firmado pela conexão do Propósito de Vida do indivíduo com o da empresa e em função do decorrente compartilhamento de **Significado**, o que proporciona abertura para aprender e evoluir seu **Modelo Mental**. Tão importante quanto o significado é ter um modelo mental abrangente, capaz de reconhecer o significado (*meaning making*). Por isso, o **Desenvolvimento Vertical** independente e colaborativo dos indivíduos, conforme conceituado por estudiosos do desenvolvimento humano (a exemplo de Robert Kegan, Susanne Cook Greuter e Bill Tolbert), é estratégico para as organizações. Assim, o colaborador ativa sua **Motivação Intrínseca**. A motivação é a qualidade do engajamento do indivíduo com sua função; quanto maior a motivação, mais intensa é a energia, e melhor o resultado de suas atividades organizacionais e pessoais.

As **Relações** formam a dimensão interpessoal de uma organização, provavelmente a mais negligenciada na atualidade. Essa dimensão se refere à capacidade de os indivíduos interagirem orientando-se para um propósito ou tarefa compartilhada; regulando as relações de poder e construindo vínculos afetivos.

O aspecto sutil das relações organizacionais é ditado pelo **Propósito Compartilhado**, que permite a sinergia gerada pelas relações entre os indivíduos de forma direcionada a um objetivo ou tarefa comum. Muitas organizações modernas sofrem sérios problemas de competição interna e de clima organizacional por não promoverem uma integração entre indivíduos e áreas, direcionando-os com propósitos compartilhados, que depende, entre outros fatores, da orientação por valores elevados, por uma liderança atuante e responsável, por um trabalho de qualificação profunda na dimensão do indivíduo.

Os propósitos são regulamentados pelas **Relações de Poder**, que são disposições políticas que regulam os processos decisórios da organização, variando em grau de flexibilidade, confiabilidade e capacidade de divergência de organização para organização. Se mal gerenciadas, podem corroer as relações em decorrência de uma hierarquia patológica de dominância, muitas vezes proveniente de questões de indivíduos e de grupos ao se relacionarem com o papel de autoridade. Por outro lado, relações de poder flácidas podem significar o desengajamento e a desorganização por causa da falta de clareza nos papéis dentro do grupo.

Finalmente, a dimensão das **Relações** se estabiliza nos **Vínculos Afetivos** entre todos os componentes da organização, expressos no grau de confiança, respeito e valorização mútua que, se bem estabelecidos, permitem a emergência de divergências saudáveis e aprimoram o aprendizado, geram coesão, além de estimular a intimidade, impactando assim a evolução da consciência coletiva para níveis de maior complexidade e interdependência. Os vínculos afetivos são altamente desejáveis pelas organizações mais elaboradas e são percebidos como a consequência de um trabalho bem alinhado entre os propósitos organizacionais e o desenvolvimento dos indivíduos e das relações.

A terceira dimensão das **Organizações** corresponde aos processos e estruturas inter-objetivas, que costumamos chamar de Sistemas. Trata-se do conjunto de procedimentos que visam atingir um propósito, com base em uma visão, transformada em estratégias e em ações controladas.

Essa dimensão é certamente a mais valorizada e desenvolvida nos negócios da atualidade, provavelmente a maioria da bibliografia e das disciplinas dedicadas aos negócios enfatizam as dinâmicas de funcionamento de uma organização em seus aspectos objetivos. Esse fenômeno estaria principalmente ligado à visão mecanicista da realidade na modernidade, com forte viés reducionista tanto para a subjetividade ("o fantasma na máquina") quanto para a dimensão individual ("uma engrenagem no sistema"). Muitos dos problemas e desafios dos negócios provêm dessa visão reducionista que deturpa as dimensões dos indivíduos e das relações, tratando-as meramente como meios ou recursos para obter resultados operacionais objetivos (lucros e outros resultados organizacionais objetivamente mensuráveis). Por outro lado, também já começa a emergir, com muita consistência, uma literatura sobre formas de gerir os sistemas baseadas em complexidade, a exemplo de livros que falam sobre gestão dinâmica e beta permanente.

Essa dimensão, portanto, é fundamental para a manutenção e o desenvolvimento de uma organização saudável. Sem um conjunto de processos, sistemas, padrões e parâmetros de funcionamento, a humanidade ainda viveria em tribos rudimentares. Certos ou errados, os sistemas sociais são essenciais para que a humanidade (e as organizações humanas) resolva os problemas de crescente complexidade inerentes ao seu avanço.

O aspecto sutil da dimensão da organização é focalizado pela **Visão Organizacional** (já citada na Identidade da Organização). Ela orienta a Missão da organização perante cenários futuros plausíveis (considerando para tanto o grau de incerteza do macroambiente) e serve de imperceptível conector tanto para os propósitos individuais como para os compartilhados entre os integrantes da empresa.

Além disso, a Visão Organizacional aciona a **Estratégia Global do Negócio**, que compreende o conjunto de escolhas articuladas pelo processo decisório (Governança) para transformar a visão em resultados reais. Em uma organização com valores mais perenes, o planejamento estratégico é geralmente muito mais elaborado, pois é formulado com base em uma perspectiva muito mais complexa, profunda (abrangência vertical) e ampla (abrangência horizontal) da realidade; que considera diversos fatores críticos em suas formulações.

A estratégia articula-se fisicamente pela **Execução** dos projetos estratégicos pelo conjunto de diretrizes, ferramentas e tarefas estipuladas pela governança para cumprir as estratégias e tornar a visão real.

Talvez o maior desafio das organizações seja a eficiência na execução de planejamentos estratégicos de alta complexidade em um macroambiente cujo nível de consciência predominante seja menos abrangente, incluindo uma parcela considerável de colaboradores e *stakeholders* diretamente envolvidos nas tarefas, nos sistemas e nas tecnologias disponíveis. Inevitavelmente, essas organizações impactarão seus ambientes com uma enorme tensão proveniente da diferença entre a realidade e o nível de consciência do momento atual e a realidade e o nível de consciência que orienta a visão de futuro e o planejamento estratégico.

Consciência crescente
= complexidade crescente.
- Ken Wilber

OS RESULTADOS ORGANIZACIONAIS

Conforme afirmei anteriormente, a visão restrita e corriqueira sobre os resultados de uma organização aponta, em geral, apenas para frutos dos investimentos (na forma de lucros financeiros) ou para uma visão que é ampliada pela sustentabilidade nos negócios, como o conjunto de resultados econômicos, sociais e ambientais – o *Triple Bottom Line* (TBL).

Para as organizações mais conscientes, todavia, existe algo mais a ser mensurado e cultivado). Tão importantes quanto o TBL são os resultados na dimensão do indivíduo, como **Desempenho**; e os resultados na dimensão das relações, como **Inteligência Coletiva**. No Capítulo 4, voltaremos a esse tema ao introduzirmos o Modelo dos Metacapitais, que permite avaliar e desenvolver de forma consistente e integral dez diferentes tipos de resultado.

O **Desempenho** é gerado pela motivação intrínseca firmada no modelo mental e no significado atribuído pelo indivíduo em sua relação com a organização. Pode ser avaliada pela qualidade de desempenho diante dos compromissos assumidos. Essa medida não é apenas conveniente para apontar quão eficiente e produtivo é um colaborador, mas indispensável para averiguar o nível de engajamento e o comprometimento dele.

Os resultados na dimensão das Relações são reconhecidos como **Inteligência Coletiva**, um campo potencial de conhecimento e transformação derivado das relações constituídas, pela qual emerge a inteligência do grupo, em que o todo é maior que a soma das partes, desde que haja um alinhamento positivo entre as dimensões (Indivíduo, Relações e Sistemas) e os níveis em cada uma delas. Aliás, todo resultado em uma empresa é fruto do esforço coletivo. Embora sirva aos resultados individuais e organizacionais, a Inteligência Coletiva tem seu próprio valor tácito e intrínseco, na beleza e cumplicidade que emergem somente na dimensão da intersubjetividade. Trata-se de um dos fatores que mais têm valor e praticamente nunca é capturado.

Finalmente, temos os **Resultados Organizacionais**. O conceito do *Triple Bottom Line* é, sem dúvida, um avanço importante para a sustentabilidade dos negócios, medindo o impacto de uma organização no sistema ampliado de sua atuação. Porém, observa-se que, para as organizações menos filosóficas, a motivação para a sustentabilidade resume-se ao cumprimento das leis ou a um compromisso institucional, mas apenas aquelas que possuem uma visão mais abrangente do mundo consideram o tema como um aspecto central na estratégia ou, ainda mais, como fonte de inovação e transformação do macroambiente.

Essa transição equivale a dizer que os impactos de uma organização na sociedade, considerando seu amplo espectro de influência, devem deixar de ser nocivos para tornarem-se vetores de desenvolvimento sustentável capazes de influenciar positivamente todo o sistema maior.

FORMAS DE IMPLEMENTAÇÃO DO METAMODELO
A Identidade Organizacional em Movimento

Para exemplificar e aprofundar um pouco mais o conceito de **Identidade Organizacional** tratado no capítulo anterior, pensemos em uma transição na qual originalmente temos um modelo centralizador, do tipo comando e controle, que se iniciou com um fundador visionário. Vamos imaginar que essa organização necessita passar para um modelo de liderança compartilhada. Como podemos manter e nutrir uma identidade se o empreendedor que gerou o modelo original não é o gestor que vai tocar o novo sistema? Quando temos uma empresa que ainda está vivendo sob a gestão de seus donos e o fundador quer fazer a transição para uma primeira geração profissional, como podemos garantir que a essência da identidade vai permanecer na organização e não vai ser corrompida, diluída ou dogmatizada?

Essa é a transição mais difícil que toda organização centralizada em seu fundador passa. A grande maioria das empresas não consegue sobreviver ao fundador. E isso ocorre por dois motivos: o primeiro é esse que mencionamos no parágrafo anterior, a possível corrupção, diluição ou "dogmatização" da essência da Identidade Organizacional em um processo de profissionalização. O segundo motivo reside na dificuldade de o fundador se desapegar do negócio e o deixar ser administrado por outras pessoas.

O fato é que, quando a realidade emerge, ela traz consigo elementos do passado e o frescor do futuro, tanto nas perspectivas individuais quanto nas organizacionais (*Fig. 13*). Podemos imaginar a dimensão dessa ambivalência quando pensamos em uma empresa com 500, 1.000 ou até 2.000 colaboradores. É o sistema nervoso de cada um que constrói e construiu essa empresa. Essa dinâmica entre passado e futuro está o tempo todo acontecendo. O desafio é identificarmos nesse movimento onde pertencemos mais e, a partir desse lugar, o que podemos transformar mais. Como, momento a momento, para pertencer mais, eu integro mais? E, para integrar mais, o que integro? Portanto, a reflexão ideal a que devemos nos abrir a partir do passado deveria abranger duas questões: "O que é essencial?" e "O que preciso levar para o futuro?".

Nosso passado deveria caber em uma mochila, em algo que podemos com leveza levar conosco, e não em um contêiner. Se ele for maior do que uma mochila, vira peso morto. Portanto, temos de buscar em uma identidade organizacional o que é essencial, o que atravessa o tempo, o que é mais perene. Quanto mais elementos etéreos, quanto mais eles forem relacionados a valores e filosofia, melhor para a perenidade da essência de uma identidade empresarial. O que geralmente ocorre é que os fundadores definem esses elementos naturalmente. Eles não pensam nisso na hora de formar a organização. Empreenderam porque, de alguma maneira, esse valor era implícito e tácito. Lidaram com esse valor como uma oportunidade no mercado, como algo que estava acontecendo.

Como nasce a identidade?

PASSADO — Memória Essencial — **Princípios Perenes**

PRESENTE — **Propósito** Identidade Manifesto

FUTURO — Consciência Zeitgeist — **Incertezas Críticas**

Fig. 13. A formação da identidade organizacional traz elementos do passado e, também, do futuro

Por isso, devemos estar atentos a uma necessidade organizacional de atualizar sua identidade a partir da identificação de um novo *Zeitgeist*, conjunto do clima intelectual e cultural do mundo. Assim, devemos separar o que é essencial do que é um momento específico do mercado e atualizar a interpretação dos conceitos, dos valores. Ao mesmo tempo, devemos fazer o trabalho terapêutico e emocional de separar as muitas nuances que compõem uma Identidade Organizacional. Uma delas constitui uma bênção, mas também uma maldição para o fundador. É que ele confunde seu propósito e identidade pessoais com os da organização. Isso ocorre durante um tempo. Em seu livro *Os Ciclos de Vida das Organizações: como e por que as empresas crescem e morrem e o que fazer a respeito*, publicado pela Editora Pioneira Thomson, o consultor de negócios Ichak Adizes afirma que, em sua fase inicial, a organização tem esses dois elementos de forma misturada. Mais tarde, chega um momento em que a organização fica maior que o próprio fundador. Nesse estágio, ele, muitas vezes, mata o próprio negócio. Para que isso não ocorra, existe um trabalho emocional, terapêutico e espiritual de desapego a ser feito. Por mais que o fundador fale que está pronto, geralmente a situação é mais complexa do que parece. Porque quando começamos a lidar com o futuro, ele ainda não está lá, mas, sim, aqui nesse espaço de escolha do agora. Então, o devir tem a ver com cocriar a sua emersão. Para cocriarmos esse futuro que está emergindo, a ideia é ir além do passado, como saímos das ranhuras do que fomos até esse momento para dar um passo no vazio e experimentar uma existência para além de tudo o que já vivemos. O desafio é de prática e de experimentação.

E é importante reafirmar: estamos falando da perspectiva de uma mudança organizacional. Nesse sentido, de que maneira criará protótipos e inovação? Como a organização vai inovar, se reinventar? Um exemplo muito bom é a história do leitor de livros digitais *Kindle*, da Amazon. Na época da invenção do aparelho, a Amazon vendia apenas livros. Seu presidente e fundador, Jeff Bezos, selecionou alguns de seus mais brilhantes executivos e os enviou à Califórnia com esta instrução: "Só voltem aqui no dia em que inventarem alguma coisa que quebre o negócio atual da Amazon". E os executivos criaram o *Kindle*. Essa postura é fantástica: ter a visão e, porque não?, a coragem de inventar, prototipar e produzir as sementes do que pode fazer seu próprio negócio deixar de existir da forma como ele é.

MODELOS EMERGENTES DE AUTOGESTÃO

Modelos de organização que utilizam todo o potencial da diversidade de seus integrantes têm evoluído para modelos autogeridos. Contudo, para que funcionem, existem duas premissas:

1ª Quem tem mais poder no sistema deve estar disposto a distribuir poder;

2ª Quem está recebendo precisa ter maturidade para lidar com as consequências (direitos e obrigações) de sustentar o poder.

E como fazemos para distribuir o poder no sistema? E na hora que as pessoas começarem a tomar decisões diferentes das do fundador? Será que ele ou ela não resiste e acaba dando a última palavra? Isso, como todos sabemos, é muito comum. Não é uma transição fácil. Mas o primeiro pré-requisito é este: deixar o poder fluir para fora das mãos do "chefe". A segunda condição é que a pessoa que está recebendo o poder tenha capacidade de lidar com ele, pois frequentemente nós projetamos hoje nossas experiências de infância com a autoridade de nossos pais e, depois, com a dos professores da escola, submetendo-nos mais ou sendo mais autoritários.

Vale citar aqui a Experiência de Milgram, um experimento científico desenvolvido em 1963 pelo psicólogo estadunidense Stanley Milgram (1933-1983), que examinou como os indivíduos tendem a obedecer às autoridades, mesmo que estas contradigam o bom senso, por exemplo, ao ordenar, vestidos de jaleco branco, que eles dessem choques elétricos em outras pessoas. Como resultado, 65% dos participantes acataram as ordens e deram choques até o mais alto nível (450 volts). Importante lembrar que as vítimas desse teste eram atores fingindo levar choques (os participantes não sabiam disso).

A questão da autoridade é o principal desafio para a evolução de um modelo organizacional de "dono", tanto para quem está distribuindo quanto para quem está recebendo poder. Em geral, quem ganha, na hora de tomar uma resolução importante, continua se consultando apenas com quem tinha mais poder antes no sistema. As pessoas têm muita dificuldade em tomar decisões de forma coletiva e circular (todos participam do processo decisório), porque isso não está na experiência delas com a realidade, pois, desde pequenos, a vivência com a autoridade é vertical; isso está dentro do nosso sistema. Para fazermos essa transição, passamos por muitas idas e vindas. Não é algo rápido nem espontâneo. Porém, depois que a empresa e as pessoas entram nesse processo, não há como voltar. É como alguém ser analfabeto, alfabetizar-se e querer voltar a ser iletrado.

É quase impossível. A cultura organizacional passa a viver dessa maneira, com a inteligência coletiva e não retrocede.

Particularmente, os negócios do segmento de tecnologia, as *startups*, têm por base esse modelo de gestão. Empresas como, por exemplo, Uber e Airbnb, foram concebidas dentro desse modelo circular, mas que acabaram por retroceder para uma forma mais vertical. Eles continuam tendo um "chefe" que manda e que quer aumentar o *market share*. Logo, eles colapsaram uma ideia mais avançada por causa de uma execução muito pobre. É preciso ter repertório de gestão. Caso contrário, quando os líderes vão gerir negócios muito inovadores acabam levando um modelo de gestão totalmente convencional. Sem perceber que, quando fazem isso, eles colapsam o empreendimento. Para nós, esse é um dos principais desafios dos negócios contemporâneos: produzir modelos de gestão e organizacionais que sejam recíprocos e simétricos aos modelos de negócios que estão propondo.

A Zappos, varejista estadunidense de calçados e roupas *on-line*, é uma das empresas que implementaram a holocracia, ou seja, ela removeu o exercício de poder de uma estrutura hierárquica substituindo-a por um sistema de distribuição da autoridade. Isso já faz alguns anos. Hoje, eles têm 300 círculos de gestão em um universo de 1.200 funcionários. Todos os colaboradores escolhem de quais deles quer participar. Nesse processo, 30% dos funcionários da Zappos pediram as contas depois que a empresa implementou a holocracia. Na brasileira Vagas.com, que tem 120 colaboradores, não foi diferente. Lá, também se tomam todas as decisões baseadas em consenso. Todo mundo pode levantar a mão e votar. Igualmente foram embora 40 pessoas. Elas saíram, porque alegavam "querer só um emprego que pague um bom salário, sem precisar participar de círculos de decisão".

Isso acontece porque na holocracia não existe um desenho organizacional fixo. Nesse sistema, as responsabilidades das pessoas vão mudando em função de como o negócio está entrando em contato com a realidade. Os círculos vão evoluindo de acordo com o que vai emergindo. Outro ponto divergente dos sistemas tradicionais que pode afugentar algumas pessoas é o jeito de fazer reuniões. Na holocracia, é preciso garantir que todos se manifestem e decidam de forma rápida. Por isso, as reuniões não duram mais do que 10 ou 15 minutos. Todo mundo fala e as resoluções são tomadas muito rapidamente. As pessoas têm autonomia, mas dentro dos limites da estrutura em que estão e dos formatos das reuniões e dos processos de decisão.

Importante ressaltar que a implementação do sistema de gestão por círculos, ou seja, a holocracia, é uma jornada que não se dá de uma hora para a outra. Ela começa pequena, com apenas um círculo e segue aos poucos ampliando seu escopo. Não adianta tentar transformar a empresa inteira de um momento para o outro para esse modelo. Temos de ser um passo depois do outro. Se tentarmos fazer a transição muito rapidamente, corremos o risco de ficar pelo caminho. Para introduzir uma estrutura nesse modelo, o ideal é substituir a arquitetura tradicional por círculos iniciando por um círculo de gestão geral, composto pelo CEO e pelos vice-presidentes de Desenvolvimento, de Operações e de Vendas, por exemplo. Esses indivíduos que têm mais poder escolhem quais outros colaboradores devem compor esse círculo em um primeiro momento. Com esses representantes, formam-se novos círculos na organização, sucessivamente. Em seguida, o processo se inverte: as pessoas dos novos círculos elegem um representante para estar no círculo de maior poder. Com isso, outro ponto de ganho é que a comunicação na organização passa a ser muito mais fácil. Esses representantes atuam como *hub*, isto é, são os responsáveis por transmitir o que acontece entre um círculo e o outro, divulgando as decisões. E os papéis de cada um vão mudando à medida que o negócio evolui, não existem mais "cargos" nem *job descriptions*, ou seja, a descrição de uma função.

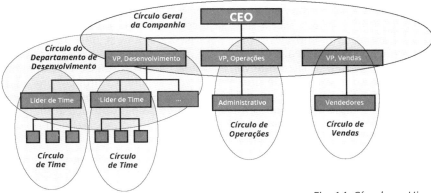

Fig. 14. Círculos e Hierarquias

Porém, cada círculo possui seu escopo. Existe o círculo de liderança, o círculo de *marketing*, o círculo de desenvolvimento, o círculo de vendas etc. Diferentemente de algumas empresas em que tudo o que se faz é por meio de uma reunião, nessas organizações, existem reuniões para tudo e elas ocorrem o tempo todo. Sempre há várias pessoas na sala de reunião que, simplesmente, não deveriam nem precisariam estar lá. Mas, se a pessoa não é convidada, ela se sente excluída. Além disso, todos se sentem no direito de dar palpite sobre tudo, a qualquer momento, e ninguém decide nada. O que se resolve no fim de cada encontro é quando será o próximo. O que apresentamos aqui com a holocracia é um modelo bem diferente, porque as pessoas só se reúnem quando definiram um escopo para a discussão.

O círculo de liderança, geral ou coerência, serve ao propósito da organização. Os outros círculos sempre se destinam aos interesses do círculo geral. Assim, os objetivos da organização são desdobrados nos propósitos dos outros círculos, o que determina o escopo de cada um deles. Esses escopos são orientados por uma agenda permanente e por uma emergente, que é construída em cada reunião que pode ser realizada de três maneiras:

1ª A reunião de estratégia, com frequência de mais ou menos três meses, quando as pessoas se reúnem para checar se a direção estratégica continua sendo a mesma ou se a organização deve mudá-la. É aqui que é discutida a implementação estratégica.

2ª A reunião de governança, um dos momentos mais importantes de nosso Metamodelo, que é quando se atribui *accountability* (responsabilidades) e se desenvolvem novas políticas e novos processos. Sua frequência média é de 15 dias e nela se discutem novas formas de desenvolvimento ou lançamento de produtos e serviços por meio da redefinição de novas políticas e processos. Aqui, é escolhido quem é *accountable* pela nova política.

3ª As reuniões tático-operacionais podem acontecer uma ou duas vezes por dia ou até semanalmente, dependendo do tipo de negócio. Nela, se medem os indicadores da operação e se encaminham as ações decorrentes.

Como mencionamos, a agenda dessas reuniões pode ser permanente e emergente. Por exemplo, o círculo de liderança tem uma agenda emergente que é olhar para a estratégia, para os resultados, para a cultura, para o desenvolvimento de pessoas e outros fatores oscilantes. Ela é construída na hora. Se, na reunião, alguém levanta um tema imprevisto para ser discutido, não se deve fazer censura alguma, porque, na realidade a premissa é: "Se esse tema é relevante para você, se está provocando tensão, o círculo deve resolvê-la para você". Esse é um exemplo de desenho adaptável à realidade que emerge, ou seja, em sintonia com a visão de complexidade. É importante observar a dinâmica dos grupos no sentido de preservar essa forma de atuar, pois sempre há o risco de o grupo, acostumado com a gestão tradicional, tentar reinserir sutilmente o modelo antigo, rechaçando o que emerge em nome daquilo que foi planejado.

E como as resoluções são tomadas durante essas reuniões? Tanto no processo de decisão da holocracia quanto no da democracia profunda, as decisões são escolhidas por compromisso, e não por consenso. A democracia profunda é um conceito criado pelo terapeuta estadunidense Arnold Mindell em 1988 e aplicado no cenário do fim do *apartheid* na África do Sul com uma abordagem junguiana. A necessidade premente daquele contexto era incluir a voz das pessoas que estavam marginalizadas e nunca tiveram a oportunidade de participar de decisões. Para tanto, eles criaram um processo por meio do qual se fazia valer a voz da minoria. A democracia tradicional, na qual a maioria simples decide, passou a ser o último passo nas resoluções. Na democracia profunda, não se chega a um veredito pela maioria simples dos votos. Se em um grupo de seis pessoas quatro optam por um caminho e dois discordam, a decisão ainda não pode ser tomada. Em vez de afirmar que dois votos foram vencidos, porque a maioria quer seguir por ali, devemos incentivar a discussão em busca de um comprometimento comum. É preciso entender as razões de essas duas pessoas não estarem de acordo com a maioria. E, depois de ouvi-las, reconhecermos os pontos de discordância e indagar quais seriam os elementos que fariam com que mudassem sua opinião. Devemos perguntar: "O que você precisaria para se comprometer com a decisão da maioria?". E, em seguida, com base nas respostas, basta incluir esses novos elementos na decisão original a fim de criar outra proposta. Depois, o grupo vota novamente até atingir o compromisso de todos, ou seja, alcançar o consenso. Isso significa que há o reconhecimento da divergência, seu acolhimento e, na sequência, uma decisão por meio da qual todos podem assumir um compromisso. Significa que quem sair da sala depois da reunião de decisão não vai falar: "Viu o que eles decidiram? Eu sou contra!". Essa atitude, que é bem típica em uma organização, gera muita entropia no momento da implementação da decisão. Na democracia profunda, há o compromisso de todos, pois participaram da elaboração da resolução e, por essa razão, vão ajudar a fazê-la acontecer. Dessa forma, as decisões são feitas por compromisso, e não por consenso.

Na *Fig. 15*, temos a estrutura de alto nível da empresa estadunidense de confecção Eileen Fisher, uma de nossas clientes. Vemos que toda a estrutura está desenhada em círculos. O *board*, que é o guardião do propósito, o comitê executivo chamado FLT — *Facilitating Leadership Team*. Importante ressaltar que a Eileen Fisher não tem CEO. A liderança executiva da empresa é composta por oito pessoas. Em seguida, podemos ver os três grandes processos: *creative* (marketing), *business* (o processo de vendas) e *operations* (o processo de operações). Eles estão estruturados em círculos, são multifuncionais e são compostos por pessoas de diferentes funções. Nas laterais da linha pontilhada, que funciona como uma rede de sustentação para os processos-chave, temos os círculos de suporte: Finanças; TI; Sustentabilidade e RH. E, além desses círculos na ilustração, há também diversos círculos de projeto, que existem para tocar planos específicos. Esses círculos nascem e morrem junto com o ciclo de vida de um projeto.

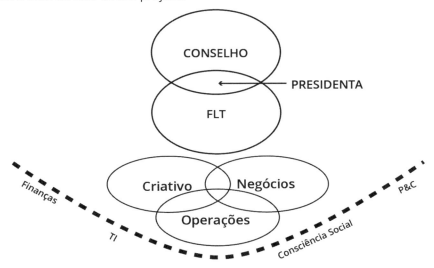

Fig. 15. Modelo de círculos de Eileen Fischer

Dentro desse sistema baseado em círculos, existe uma grande questão relacionada à remuneração dos colaboradores. Nos sistemas tradicionais com cargos e hierarquias bem definidos, as posições são "pesadas" de acordo com a complexidade e a responsabilidade, e as pessoas recebem conforme o peso de seu cargo em comparação com outros cargos do mercado. Nos sistemas desenhados em círculos, a remuneração ainda é uma questão não resolvida. Porém, um ponto que já está bem claro nesse aspecto: não se trata de remuneração variável por desempenho. O ponto-chave aqui é estabelecer como se mede a contribuição das pessoas para definir a remuneração delas. Esse é um dos maiores conflitos das empresas que migraram para o sistema em círculos, porque, na estrutura delas, os modelos de remuneração tradicionais ainda continuam ativos. Estamos pisando em um território novo, que precisa ser mapeado.

Porém, existe um exemplo bem-sucedido de remuneração dentro do sistema em círculos em um instituto de psicologia em São Paulo, Brasil: o Instituto Evoluir. Uma das questões superadas ali se refere ao mito de que, quando não há a possibilidade de destaque ou de reconhecimento de uma contribuição individual, as pessoas ficam de braços cruzados, não fazem seu melhor e que não se esforçam, já que o grupo resolve a questão por si mesmo. Essa mentalidade, a nosso ver, está associada a uma dinâmica de trabalho de escola: dois ou três fazem a atividade e o restante coloca o nome no grupo, apropriando-se, por meio da nota, do esforço de poucos. Convenhamos que essa não é uma forma madura de enxergar as relações de trabalho. No Evoluir, isso ficou rapidamente para trás. A contribuição individual existe, mas ela é sempre avaliada por percepção e sempre pela percepção de quem faz as coisas juntos. Há um grupo de 12 profissionais que todo mês faz uma avaliação subjetiva de quem contribuiu mais ou menos para determinado objetivo. Além disso, é levado em conta também o resultado direto, ou seja, o volume de atendimento realizado pelos profissionais. Todos conversam para identificar quem, naquele mês, teve maior ou menor contribuição; e a remuneração deles se dá com base nessa avaliação subjetiva com o volume de atendimentos feitos. No processo, há zero de desvio-padrão. A convergência de opiniões sobre quem contribuiu mais e quem colaborou menos sempre se apresentou muito alta.

Nós acreditamos muito no modelo de gestão por círculos, mas, obviamente, ainda estamos no início da metodologia e as ferramentas que vão habilitar esses conceitos estão sendo trabalhadas. Temos de seguir tentando, errando, acertando e aprendendo.

EVOLUÇÃO DO CONTRATO PSICOLÓGICO

Quando citamos motivação e engajamento, estamos falando sobre de onde vem a energia das pessoas, de sua dimensão individual. O que produz resultado nas organizações é a energia, nossa energia psíquica. Apesar de tratarmos as pessoas como recursos, sabemos que estamos nos referindo àquilo que as faz levantar mais cedo ou dormir mais tarde trabalhando, ou seja, do nível de engajamento de cada indivíduo com a organização.

Toda decisão é filtrada por um sentimento. E, obviamente, nossos pensamentos vêm do que a gente acredita e valoriza. As pessoas não conseguem refletir sobre o que não sabem; só conseguem pensar sobre o que, de alguma forma, relacionam com seu ambiente. E, quando tratamos as pessoas como recurso, queremos pedaços delas, mas, para se engajarem no trabalho, é preciso olhar para elas de forma inteira, em seus diversos papéis na vida e em todas as suas dimensões. Quando criamos uma área de "Recursos Humanos", simplesmente descartamos todo o lado sutil da experiência das pessoas e criamos um "recurso humano", um autômato, uma engrenagem. Depois, queremos medir engajamento a partir dessa perspectiva, porque, afinal, na visão tradicional de RH a pessoa pertence à organização. Esse jeito de medir o comprometimento é totalmente equivocado porque parte da ideia de que a pessoa seja um recurso. Na mesma lógica antiquada, além de engajar, as organizações querem "reter" os indivíduos. O que é uma loucura, pois as pessoas são livres, elas não são passíveis de retenção.

Um caminho muito mais realista e saudável é pensarmos na realização de um contrato psicológico entre as pessoas e as organizações. Um acordo que contenha o tipo e a forma como a relação entre elas vai se dar. Esse conceito vem do professor de administração da Harvard Business School, Chris Argyris (1923-2013), que diz que só damos significado para o trabalho se conseguimos elaborar um contrato psicológico com ele. Esse princípio vem evoluindo já há algum tempo. A primeira versão surgiu logo depois da Segunda Grande Guerra Mundial e apresentou como cláusula principal a condição de que, se formos leais à organização em que trabalhamos, teremos segurança de emprego. Apesar de muita gente ainda acreditar nisso, essa certeza não existe mais em nenhuma organização, embora ainda haja quem gostaria que isso fosse verdade. Esse tipo de contrato vigorou nos Estados Unidos até os anos 1970. No Brasil, até os anos 1990.

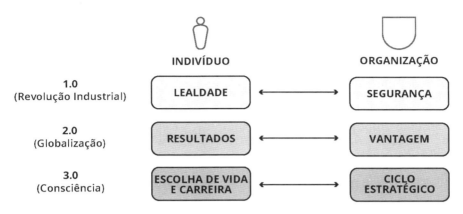

Fig. 16. Evolução do Contrato Psicológico

Na atualidade, esse contrato se tornou mais maleável, no qual "casamentos" de longo prazo são substituídos por relações mais transacionais e instrumentais, nas quais praticamente não há mais vínculo. Hoje, o colaborador oferece seu melhor desempenho e a organização dá a ele bônus, *status*, carro, vantagens etc., ou seja, formaliza-se um contrato para uma relação instrumental de troca de curtíssimo prazo.

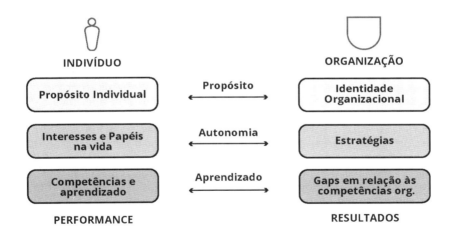

Fig. 17. Contrato Psicológico 3.0

Atualmente, não se fala mais em carreira pensando em permanecer 25 anos em uma mesma empresa. Falamos em ciclos não maiores do que três anos. O que significa que os indivíduos podem olhar para determinada organização e refletir: "Eu posso abrir outro ciclo dentro dessa mesma organização ou está na hora de trocar de empresa?". A natureza desse Contrato Psicológico 3.0 é que ele nasce do compartilhamento de propósito entre indivíduos e organizações. Ou seja, a reflexão das pessoas sobre seus ciclos nas empresas passa pela possibilidade de manifestar aspectos do objetivo pessoal delas enquanto se mantém a serviço da finalidade da organização. Essa é a principal reflexão e o ponto de entrada.

Um claro exemplo sobre como funciona o Contrato Psicológico 3.0 é o que aconteceu com um executivo que trabalhava na indústria de cosméticos Natura. Esse profissional estava na empresa há mais de dez anos quando resolveu sair para atuar na Diageo, a maior fabricante de bebidas destiladas do mundo. Em sua decisão pesou o propósito/visão da nova empresa: "Celebrar a vida, todos os dias, em todos os lugares". Na realidade, a Diageo nasce da união de dois alambiques de duas famílias escocesas que, mais tarde, criaram essa visão. No Brasil, para ampliar seus negócios, comprou a Ypióca, tradicional marca brasileira de cachaça, fundada em 1846. Algum tempo depois dessa aquisição, o ex-executivo da Natura, em uma reunião na Diageo, flagrou-se em uma discussão sobre estratégia de vendas da cachaça que envolvia, entre outros pontos, os picos de consumo da bebida no Nordeste: 6h30 e 10h30 da manhã. Nesse momento, ele se deu conta de que havia um descompasso entre o que ele acreditava e queria para sua vida e o que a empresa buscava. É sempre muito importante fazer essa reflexão o tempo todo: "Onde estou e o que estou fazendo agora está em harmonia com o que acredito e quero para minha vida e para a dos outros?".

Podemos citar também casos em que são as organizações que não querem trabalhar com alguns clientes por falta de identificação com valores e propósitos. A Mercur é um desses exemplos. Também uma empresa de gestão coletiva, a Mercur foi fundada em 1924 em Santa Cruz do Sul/RS, Brasil, com o objetivo de consertar pneus e produzir artefatos de borracha. Muitas pessoas devem se lembrar de já ter usado um dos produtos deles: a borracha de apagar vermelha de um lado e azul do outro ou a verde-clara, ambas com o deus Mercúrio estampado. Jorge Hoelzel Neto é a terceira geração no comando da empresa. Foi o avô dele, ao lado do tio-avô, Carlos Hoezel, que fundou a companhia. Há cerca de sete anos, a Mercur fez o exercício de identidade que ora apresentamos neste livro que começou com a seguinte pergunta: "Se a Mercur deixar de existir amanhã, que diferença isso faria para o mundo?". Eles chegaram à conclusão de que não faria diferença alguma. Na época, um de seus principais negócios era vender forração para plantação de tabaco. Durante o *workshop*, duas decisões foram tomadas: parar de vender para a Souza Cruz, principal empresa de tabaco da região, por questões relativas aos danos causados pelo fumo, e deixar de comercializar produtos licenciados (com referência a personagens infantis), porque eles criavam exclusão; eram borrachas mais caras ou produtos mais caros, que diferenciavam as crianças nas salas de aula. Tomaram a decisão de interromper os dois tipos de negócios de um mês para o outro. Hoje, a empresa só faz produtos voltados para educação e saúde. Uma das principais linhas de produtos da Mercur são artigos que promovem inclusão, entre eles equipamentos para escolas que permitam às crianças com deficiências se sentirem mais incluídas. Então, esse é o principal negócio da Mercur (você pode assistir ao *TEDx Talks* com Jorge Hoelzel Neto aqui: https://www.youtube.com/watch?v=DpGpx4QgUbw).

É importante ressaltar que essas ações são muito necessárias, mas devemos lembrar que cada um de nós expressa seu propósito de vida em todos os papéis que desempenha na vida. Isso não é algo que orienta apenas o papel profissional. Então, pode acontecer de compartilharmos a finalidade de uma organização e, ainda assim, haver um conflito de papéis. Muitas mulheres que trabalham em multinacionais e têm filhos pequenos, por exemplo, são convidadas para postos fora do país no auge da carreira. Acabam precisando escolher entre o papel social de mãe e carreira. Isso se torna um grande dilema, porque elas enfrentam cobranças sociais para serem perfeitas em seus vários papéis: ser a melhor mulher, a melhor mãe, a melhor profissional. Aqui é muito importante a ideia de fazer escolhas: "Agora, pelos próximos anos, minha opção é seguir por esse caminho". Nesse sentido, é fundamental entender para onde a organização está indo, ou seja, como sua escolha se harmoniza (ou não) com a estratégia da organização. Quando fazemos isso, percorremos um caminho de aprendizado, pois, todas as vezes que uma organização estabelece uma estratégia, ela se declara incompetente para realizá-la. Se a companhia quer, em três anos, estar em determinado lugar, deve fazer algo que não experimentou ainda. Precisa construir novas competências organizacionais. Significa que as pessoas necessitam assimilar coisas novas coletivamente para a organização adquirir as competências necessárias para a realização da nova estratégia estabelecida. Pelo nosso lado, se entendermos que esse não é o nosso caminho, devemos fazer escolhas.

É por isso que a maior parte dos modelos de Gestão de Competências das áreas de Recursos Humanos atuais vive um terrível equívoco. Em geral, as empresas desenham um modelo de gestão de competência baseado no passado e, dessa forma, querem construir um futuro, alavancadas pelo que as pessoas fizeram no passado. Não dá para ser assim. É imprescindível olhar para o que as pessoas têm de potencial para edificar o porvir. É isso que produz *performance* e resultado, o que, lembramos, são coisas distintas. Misturar essas duas questões é uma grande fonte de sofrimento nas organizações, pois a única coisa que um indivíduo pode ter é *performance*. O indivíduo sozinho não garante resultado. Uma boa metáfora para isso é esporte coletivo. Um jogador pode ter feito o melhor jogo de sua vida, mas, ainda assim, seu time perdeu. Logo, o resultado foi ruim. Apesar disso, o jogador vai sair de campo com uma sensação de integridade. *Performance* garante integridade, não assegura resultado. Ele é fruto do esforço coletivo e, mesmo que o coletivo faça tudo certo, pode ser que o êxito não venha. Resultados não são controlados.

Todos foram feitos para algum trabalho em particular, e o desejo por esse trabalho foi colocado em todos os corações.

- Rumi

Temos a bem-sucedida experiência de um projeto que já realizamos em empresas como Natura, Fleury e Eileen Fisher, envolvendo, às vezes, mais de 1.000 colaboradores, no sentido de construir as pontes entre indivíduos e organizações nas dimensões: propósito, autonomia e aprendizado, como vimos na *Fig. 17*, relativa ao **Contrato Psicológico 3.0**. Trata-se de um *workshop* de dois dias, cujo intuito é facilitar as pessoas a encontrar seu propósito pessoal e, a partir dele, construir um novo "contrato", ou ponte para o futuro, com a organização. Com ferramentas que promovem o resgate da história individual e o autoconhecimento, as pessoas chegam ao fim do *workshop* com um rascunho de seu plano de desenvolvimento de carreira. Depois, no terceiro dia, trazemos a dimensão da organização, que é explicitar a identidade e a estratégia da empresa, a fim de que os trabalhadores comecem a entender o que, do ciclo de reflexão individual feito anteriormente, se alinha com o propósito e a estratégia da companhia.

Outro ponto importante nesse processo é preparar os indivíduos para ter essa conversa de "recontratação" com a organização. A maioria deles não está pronta para essa reflexão. Então, precisamos preparar as pessoas e seus respectivos gestores para estabelecer um diálogo de carreira com uma premissa fundamental: planejar o desenvolvimento de todos a partir de seus talentos, alavancar o que fazem bem, evitando revelar limitações ou fragilidades. Toda vez que tentamos ser melhores em alguma coisa em que temos muita dificuldade, o máximo que conseguimos, com muito esforço, é melhorar de 5 para 6. E, de novo, continuaremos recebendo um *feedback* de que temos um *gap*. Diferentemente disso, metodologias de *investigação apreciativa* oferecem a clareza necessária para percebermos o que fazemos bem, de modo que possamos continuar a fazê-lo, até que essa atitude conduza a melhorias inclusive naquelas competências que não são de nosso domínio. Assim, ganhamos mais energia ou podemos também nos complementar com pessoas que nos ajudem nos pontos específicos em que não temos maestria.

Essa é uma visão completamente diferente da atual na maioria das áreas de Recursos Humanos. Propomos construir desenvolvimento alavancando os talentos, e não tentando preencher *gaps*. Isso porque quando as pessoas estão fazendo uso de seus pontos fortes (competências desenvolvidas ou talentos), estão mais propensas a entrar em estado de fluxo, que, por sua vez, tende a gerar melhor performance, mais engajamento e maior felicidade[15]. A lógica dos planos de desenvolvimento que vemos por aí é o inverso disso. Pedem que renunciemos ao que fazemos bem e nos esforcemos para executar algo que não é nosso forte. Nesse processo, nossa energia vital vai embora.

Em um sentido diferente, o que propomos é a criação de um plano de desenvolvimento que nasça em consonância com a história de vida de cada indivíduo, reforçado por seus pontos fortes, para construir seu propósito de vida e identificar seus valores pessoais. A partir dessa construção, é feito o alinhamento do propósito do indivíduo com o da organização, ou seja, o plano de carreira. O processo leva em conta também o indivíduo e sua relação com seus vários *stakeholders*. O que já propusemos também foi incluir em uma análise 360 graus com *inputs* da organização, do círculo de amizade dos indivíduos, da família etc. O resultado sempre foi muito positivo, tendo uma resposta favorável para o desenvolvimento do colaborador, inclusive nos *insights* que podem surgir da confluência de aspectos que vêm da família e do trabalho para ajudar a construir um desenvolvimento mais rico.

---

15. Segundo os estudos de Martin Seligman (2002), um dos fundadores da Psicologia Positiva. Veja seu *TedX* em https://www.youtube.com/watch?v=j7uAbkZUzzE.

PLANO DE DESENVOLVIMENTO E ENGAJAMENTO

Quando os colaboradores fazem seu Plano de Desenvolvimento na organização, geralmente pensam em um curso: "Vou fazer um curso na Fundação Dom Cabral, farei um curso em Harvard etc.". Na verdade, o principal caminho de desenvolvimento que deveria ser pensado é como garantir que você esteja ocupando um cargo que pede mais do que pode oferecer naquele momento. Como é que você garante que vai sentir o famoso "frio na barriga"? Como assegura que será responsável por um conjunto de coisas sobre as quais você não faz a menor ideia de como resolver? É isso que realmente vai gerar o progresso de cada um. É estar continuamente desafiado por seu papel dentro da organização. Para entender como você vai construir sua sucessão e começar a pensar em seu próximo ciclo, aí sim, podemos elaborar um plano. Quando fazemos essa provocação para um grupo de 300 ou 400 pessoas, por exemplo, isso vira a matéria-prima fundamental para a preparação do modelo e do plano de desenvolvimento da área de Recursos Humanos, ou seja, as informações emergem dos indivíduos e, obviamente, do que a empresa precisa construir. Essa combinação é perfeita para se estruturar um plano real para a área de RH.

A melhor forma de engajar os colaboradores para além das bonificações financeiras e recompensas materiais por atingimento ou superação de metas que, como falamos, muitas vezes já não fazem mais sentido para a organização, é por meio do significado que as pessoas veem na relação delas com a identidade da empresa. Boa parte dos profissionais de Recursos Humanos sabe que cerca de 87% dos colaboradores não estão engajados com a companhia. E não é por culpa da geração *Millennials* (jovens nascidos nos anos da mudança do século 20 para o 21), que é mais inquieta, mas, sim, porque as organizações têm se mostrado um espaço pouco motivador, que não consegue oferecer contextos com significado às pessoas. Portanto, os indivíduos acabam por procurar uma empresa atrás da outra, um desafio atrás do outro, o que é diferente das gerações anteriores, que tendiam a ficar muito tempo no mesmo emprego, ainda que insatisfeitas e infelizes, apenas pela remuneração. Quando encontramos sentido naquilo que fazemos, aprendemos continuamente e ampliamos nosso modelo mental, o que nos permite encontrar a necessária motivação, que é algo sempre intrínseco à nossa natureza individual.

A ideia de motivação no trabalho é muito mais do que as empresas costumam trabalhar hoje como "ações de engajamento", ou seja, aplicar questionários para identificar se as pessoas estão satisfeitas em relação à carreira e à organização para ver se estão ou não engajadas e, a partir disso, elaborar planos de ação que nunca são realizados totalmente. Na verdade, uma real motivação está mais relacionada à construção de um contrato psicológico do colaborador com seu trabalho. Trata-se da proposta de compartilhamento de um propósito comum do indivíduo com a empresa, de ele poder aprender e ter autonomia. Esse tripé "Propósito, Aprendizado e Autonomia" representa o fundamento para a construção do engajamento.

HABILITANDO TIMES QUE FUNCIONAM

E, sem engajamento, como sabemos, não há empresa que resista. Mas, por incrível que pareça, ao entrarmos em uma livraria ou na Amazon.com, na seção destinada a publicações sobre sucesso nos negócios, vamos descobrir que quase a totalidade dos livros vai falar sobre ampliação de *market share*, desdobramento da estratégia e resultados financeiros. Uma pequena minoria dos títulos abordará o desenvolvimento de lideranças, uma das dimensões mais importantes para pessoas e organizações, porque toda execução acontece por meio de uma relação. Ninguém concretiza coisa alguma sozinho. Todo desempenho se dá em um espaço coletivo. Afinal, como vimos anteriormente, para operar com eficácia em um ambiente complexo, é necessária uma ampla diversidade de visões e repertórios para obter alguma solução real. Ao incluirmos múltiplas perspectivas, podemos encontrar várias alternativas de protótipos que permitam testes, adaptações e, por fim, a construção de uma boa solução. Em geral, pensamos que basta planejamento para realizarmos uma boa execução. Obviamente, ele é importante (é essencial) ter em mente a diferença entre improviso e despreparo). Devemos nos preparar sempre, mas também saber que na hora que entramos no campo da ação tudo vai acontecer de acordo com o que a realidade for trazendo. E sempre por meio de seus contextos, sempre no coletivo.

É no campo das relações que as pessoas compartilham um propósito, uma tarefa ou um objetivo. É nele que elas regulam as relações de poder e criam vínculos afetivos. No fundo, os grupos que funcionam são os que conseguem combinar o sentimento de inclusão das pessoas e, ao mesmo tempo, levar em consideração a opinião e a perspectiva delas na hora de tomar decisões. É quase um sistema de inclusão simultânea de polos opostos (ou, segundo o genial consultor estadunidense Barry Johnson: **Gestão de Polaridades**, no original em inglês, *Polarity Management*).

Por outro lado, muitas vezes, para nos sentirmos incluídos, abrimos mão de emitir nossa opinião, porque temos receio: "Se eu falar o que eu penso, não vou mais pertencer ao grupo", lamentamos. É o oposto daquelas pessoas indiscriminadamente sinceras que realmente têm dificuldade de serem incluídas: "Não estou nem aí! Falo o que penso", dizem. Na realidade, a dificuldade na sustentação da polaridade entre ser respeitoso e ser franco está em toda dinâmica de relação. Se eu for 100% do tempo respeitoso com o outro, em algum momento vou deixar de ser franco e honesto. Se for 100% honesto, em algum momento vou desrespeitar o outro. É preciso dinamicamente identificar qual é o lugar de integridade que, em dado momento, melhor sustenta essa polaridade e em que contexto um grupo cria essa possibilidade de equilíbrio permitindo que as pessoas sejam transparentes e honestas em um ambiente de respeito, confiança, cuidado e afeto.

Dessa forma, identificamos que a qualidade de um time tem a ver com a forma como os indivíduos lidam com a divergência (*Fig. 18*). Para que os resultados de um grupo sejam efetivos, as pessoas precisam se sentir incluídas e saber que a divergência, quando ocorrer, também será acolhida. Muitas vezes disfarçamos as discordâncias chegando a gritar para o outro nossos pontos de vista, sem admitir que estamos divergindo. Para muitos, é mais fácil fazer isso do que simplesmente dizer que "mesmo gostando muito de você, discordo de seu ponto de vista". Esse jeito saudável de lidar com os conflitos só acontece quando existe confiança entre os indivíduos. Para tanto, é fundamental que as pessoas tenham intimidade entre si. Não estamos falando de uma amizade profunda, mas de respeitar o lado de cada um por inteiro nas relações. Essa integridade é conquistada por meio da vulnerabilidade, ou seja, apresentar-se sem as máscaras corporativas de perfeição e infalibilidade. Diferente de fraqueza, vulnerabilidade revela força. As pessoas mais fortes são aquelas que têm coragem de se mostrar imperfeitas.

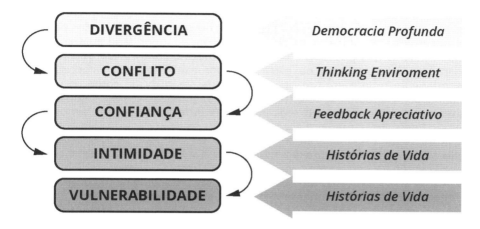

Fig 18. Movimentos para promoção de divergências saudáveis.

Se queremos maior clareza em nosso propósito ou uma vida espiritual mais profunda e mais significativa, a vulnerabilidade é o caminho.

- Brené Brown

CULTURA ORGANIZACIONAL

Na dimensão individual, performance; na dimensão das relações, inteligência coletiva; e na dimensão dos sistemas, resultados econômicos, ambientais e sociais.

Nessas condições, o que o grupo produz é fruto da inteligência coletiva, construindo o resultado e aumentando o desempenho. A expressão da identidade da organização nos indivíduos, nas relações e nos sistemas que integram esses resultados, ou seja, sua cultura, se dá por meio do **comportamento das pessoas, dos rituais e dos símbolos** que os valores que vêm da identidade emanam e dos **sistemas internos** que possui (sistemas de promoção, contratação, recompensa, remuneração, de elaboração da estratégia, por exemplo). Um valor que vem da identidade se reflete em um ritual, que pode ser a forma como as pessoas se reúnem, por exemplo. Se todo mundo chegar atrasado, como a gente lidará com essa falta? As reuniões entre as lideranças da organização, os símbolos da empresa, os prêmios, a maneira como as pessoas se vestem, tudo isso determina uma cultura organizacional. Também influi no desenho de seus sistemas. Por exemplo, se determinada empresa tem por valor a colaboração, o esforço coletivo, e se o desenho de seu modelo de bonificação reforça a meta individual, ela não terá esse valor expresso em seu dia a dia. As pessoas vão se comportar de modo egoísta, e não coletivamente. Se outra empresa tem por valor a abertura e a transparência, mas na hora de elaborar a estratégia e o orçamento apenas poucas pessoas participam, o que ela vai ter em seu meio é cinismo e as pessoas tentando até o último momento acrescentar algum valor específico de sua área no orçamento. Assim, o desenho dos sistemas deve refletir os valores da organização. Caso contrário, o resultado pode ser o oposto do que a organização almeja.

Essa relação dinâmica e contínua entre comportamentos, símbolos e sistemas é o que chamamos de cultura organizacional. Por essa razão, gostamos de ver a empresa mais como escola, um ambiente de aprendizagem que está o tempo todo sendo alimentado e nutrido. As várias tensões que vão acontecendo, vão sendo liberadas e criam energia para o sistema se alimentar e se sustentar. E quem confere sabor e tempero a esse alimento é a liderança da empresa. Não a liderança de uma pessoa, mas, sim, e cada vez mais, a liderança coletiva de grupos que, por sua natureza diversa, conseguem sustentar as tarefas mais complexas na organização.

"A humanidade ainda está avançando; e provavelmente continuará avançando por centenas de milhares de anos mais, sempre com a condição de sabermos manter a mesma linha de avanço que nossos ancestrais, em direção a uma consciência e complexidade cada vez maiores."

- Pierre Teilhard de Chardin

CAPÍTULO 3:
UM MAPEAMENTO DE NÓS

A Visão Sistêmica nas Organizações

Com base no apresentado, podemos ver que existe uma distinção essencial entre os modelos de gestão tradicionais e o **Metamodelo Integral de Gestão**. Essa diferença está calcada na visão que se tem do mundo. Em geral, as consultorias mostram uma lógica tradicional mecanicista de encarar o mundo, isto é, entendem as questões com as quais deparam de forma linear e não integrada. Para elas, as coisas se dão em um plano cartesiano, com coordenadas e abscissas bem definidas e, em decorrência disso, propõem um plano estratégico bem determinado (e, às vezes, único) para cumprir as metas empresariais. Nesse entendimento, os colaboradores precisam necessariamente ter uma meta individual clara, pois, do contrário, não terão bom desempenho. Dentro desse modelo, é a partir das metas individuais da liderança que nasce a estratégia individual dos colaboradores, ou seja, os objetivos estratégicos da liderança se desdobram em diretrizes para a elaboração dos objetivos de seus colaboradores. Todos precisam ter clareza do que devem fazer. E, ainda por cima, para não ter dúvida de que as metas serão atingidas, atrela-se a elas um programa de remuneração variável ou, seja, bonificações por resultados atingidos.

Essa maneira de enxergar o mundo não leva em consideração que cada colaborador tem suas características pessoais, seus interesses, não dá importância às dinâmicas e às particularidades específicas das diversas relações. Não se importa com as mudanças no contexto amplo que, como vimos no capítulo anterior, certamente vão acontecer de forma praticamente imprevisível. Não inclui em seus processos o fator humano e suas inúmeras variáveis, chegando até, em boa parte das vezes, a criar planos estratégicos como se os indivíduos não existissem e os objetivos) fossem alcançados sozinhos. Esses modelos de gestão são desenhados por meio de uma lógica mecanicista e fechada. Suas fontes de informação vêm basicamente do mercado de determinado recorte estanque feito no tempo. Não reflete o dinamismo e a volatilidade dos mercados atuais. As empresas querem aumentar o *market share* e, a partir desse ponto, definem suas estratégias. Em seguida e com forte alarde, elas são desdobradas em diretrizes únicas e invariáveis para toda a companhia. Algumas estratégias se transformam em melhorias de processos; e outras, em projetos que precisam ser padronizados e transformados em uma rotina. E, nessa visão, para que elas aconteçam, as pessoas só precisam ser treinadas e informadas a respeito.

Nossa proposta do **Metamodelo Integral de Gestão**, como falamos, apresenta uma visão diferente. Nosso entendimento dos cenários passa pelo conceito de sistemas abertos não lineares, descritos na primeira parte deste livro. Nossa lógica é sistêmica, aberta e integradora. Nós analisamos o processo de gestão organizacional por meio de Metaciclos. Cada um deles corresponde a um nível de complexidade de entendimento da realidade e está interconectado com o anterior.

Dessa forma, cada Metaciclo contém as perspectivas do ciclo anterior, as quais são levadas para uma nova dimensão de complexidade.

Na prática, e diferente do modelo tradicional utilizado por boa parte das consultorias de gestão, o conceito de Metaciclo é aplicado de dentro para fora nas empresas, e não o contrário. Em primeiro lugar, para fazer um diagnóstico levando em consideração a noção de Metaciclos, é preciso entrar no sistema. Somente depois de se entender de uma perspectiva interna — imersos na organização — como opera determinada empresa e suas pessoas é que podemos começar a elaborar uma proposta estratégica para ela. Para obter esse entendimento mais real, profundo e específico da organização, elaboramos um canvas, importante ferramenta para desenvolver modelos de negócios viáveis (*Fig. 19*) para aplicação do diagnóstico do Metamodelo. Esse *canvas* apresenta as várias etapas do processo que serão analisadas: Macroambiente, Identidade Organizacional, Missão, Proposta, Valores e Marca, na primeira folha; Indivíduos, Relações e Organização, na segunda; e, na terceira, Resultados, Cultura e Dinâmica da Gestão.

MACROAMBIENTE

Dados, Interfaces e Incertezas

Genericamente, chamamos de macroambiente o relacionamento da organização com os elementos pertencentes ao ambiente maior e com os contextos em que a organização está inserida: conhecimento e utilização dos dados e informações; relacionamento com instituições, mercados e públicos; e grau de abertura e consideração em relação a pontos de incerteza que impactam a organização de diversas formas.

Esse aspecto inclui a permeabilidade da organização em capturar os padrões da sociedade, de estar sensível aos sinais de mudanças, aos humores dos mercados, de estar atenta à emergência de novos comportamentos e necessidades dos usuários, dos reguladores, dos mediadores e dos desenvolvedores do sistema maior do qual a organização faz parte.

IDENTIDADE ORGANIZACIONAL

Missão/Propósito

É necessário que haja clareza da organização (e seus colaboradores) em relação à sua Missão/ Propósito (seu papel maior na sociedade) e ao esforço dirigido para que a Missão seja realizada plenamente nas atividades e entregas.

Valores

É muito importante que os valores da organização estejam constantemente guiando os processos decisórios e as ações de seus colaboradores e parceiros.

Marca/Imagem

Trata-se do esforço para manter a coesão entre a Identidade da Organização (Missão e Valores) e de que maneira ela age e se comunica com seus diversos públicos e interações.

Fig. 19. Exemplo de canvas: planilha de análise da Chie.

INDIVÍDUO

Significado

A clareza da organização e dos colaboradores quanto ao significado pessoal do trabalho realizado e seu alinhamento com a Missão da organização são essenciais. É fundamental aferir quanto o contrato psicológico individual é levado em conta nas práticas de gestão.

Modelo Mental

Constituído pelas práticas regulares visando ao mapeamento e ao desenvolvimento do Modelo Mental (sistema de crenças e de valores pessoais) dos colaboradores.

Motivação Intrínseca

É o monitoramento do grau de motivação, identificação e atuação sobre os fatores de desmotivação. Inclui a causação vertical desde o significado e a horizontal, considerando as dimensões das relações e da organização.

RELAÇÕES

Propósito Compartilhado

Refere-se à clareza e ao alinhamento da organização em relação ao propósito compartilhado das tarefas realizadas pelo time e entre áreas ou departamentos.

Relações de Poder

São estabelecidas pela clareza da política que regula as relações de poder, a tomada de decisão, a delegação de tarefas e os sistemas de avaliação da equipe. Quão verticalizado ou compartilhado está o poder da organização e o seu alinhamento com a Identidade e a Cultura.

Vínculos Afetivos

Medidos pelo monitoramento do ambiente afetivo entre os colaboradores, a identificação dos fatores de desconfiança e de conflito insalubre, além da atuação sobre eles.

ORGANIZAÇÃO

Visão
Diz respeito à visão de futuro almejada pela organização e ao alinhamento com a Missão e os Valores da organização. Quão difundida e inspiradora é a visão entre os colaboradores e times.

Estratégia
Trata-se do conjunto de escolhas que direcionam a organização para o cumprimento da Visão, que são revisitadas a cada dois ou três anos. Diz respeito à planificação, monitoramento e análise da coerência delas em relação ao contexto que se apresenta e ao alinhamento com a Identidade.

Execução
São vitais para qualquer empreendimento a organização da execução das tarefas e a checagem constante em busca de eficiência, considerando as dimensões das relações e dos indivíduos.

RESULTADOS

Performance Individual
Faz a avaliação e o *feedback* individual de performance, considerando o significado, o modelo mental e a motivação intrínseca do colaborador.

Inteligência Coletiva
Nela são empregados mecanismos para "capturar" a inteligência coletiva que emerge das relações para ampliação das capacidades de atuação e inovação organizacional.

Resultados Econômicos, Sociais e Ambientais
São medidos pelo mapeamento e pela avaliação dos resultados diante do plano, considerando fatores macroambientais e os diversos componentes associados à gestão. Os tipos de resultado avaliados retratam a Cultura e a Visão de impacto da organização.

TAPETE DE NÓS

Um fato importante no **Metamodelo Integral de Gestão** é que deve ser utilizado como um mapa, uma espécie de "tapete de nós". Durante nossas análises, devemos prestar atenção naquela ponta de *iceberg* que vai aparecer quando as pessoas começarem a fazer seus relatos. Elas vão contar coisas que podemos puxar como se fosse um novelo de lã, como quem desata um nó. É importante lembrar que, quando puxamos esse fio da meada, esse nó, há um tapete inteiro vindo junto. É com base nesse diagnóstico, em nossa sensibilidade e em nossas experiências pessoais e profissionais que vamos elaborar uma proposta para a empresa. Para facilitar a percepção desse tapete de nós, bem como favorecer a utilização do **Metamodelo** em grupos de trabalho, também as **Cartas do Metamodelo**, um baralho de cartas com conceitos e definições dos diversos aspectos do **Metamodelo** e que se conectam formando essa tapeçaria. Na página 177, apresentamos em detalhes as cartas, bem como a forma de utilizá-las.

CULTURA

Comportamento Individual

Trata-se da identificação de padrões culturais que moldam o comportamento dos indivíduos de forma automatizada, avaliando o risco do distanciamento dos valores orientadores da organização.

Ritos, Sinais e Símbolos

Refere-se ao reconhecimento dos padrões culturais na forma de ritos, símbolos e sinais que moldam o comportamento das equipes de maneira automatizada, avaliando o risco do distanciamento dos valores orientadores da organização.

Sistemas e Políticas

Preocupam-se com a identificação de padrões dos sistemas implantados e com a forma como moldam os procedimentos de modo automatizado, avaliando o risco do distanciamento dos valores e objetivos orientadores da organização.

DINÂMICA DA GESTÃO

Liderança

Diz respeito à avaliação e ao desenvolvimento da capacidade de os líderes serem guiados pelo propósito maior da organização, explicitando — a todo momento, em todos os níveis e dimensões da gestão — o futuro desejado, oferecendo meios e recursos para sua concretização.

Aprendizagem

Reporta-se à instalação de práticas, em todos os níveis e dimensões da organização, visando descobrir novos elementos da realidade, os quais auxiliam a gestão nos passos seguintes de aproximação da realidade atual com o futuro desejado. A profundidade e a abrangência do modelo de aprendizagem adotado refletirão na capacidade da organização de transformar conhecimento tácito em explícito e na transferência dos atributos da identidade para a cultura.

Se o **Metamodelo Integral de Gestão** é capaz de desatar um tapete de nós, a pergunta que deve ser feita para fechar o diagnóstico de uma organização é: "Onde está o ponto de alavancagem? O fio da meada?". Com base em tudo o que foi visto e ouvido de dentro de um sistema organizacional, precisamos descobrir qual deve ser o grau de interferência para produzir a maior alavancagem possível. O segundo ponto se traduz na ideia de realizar uma intervenção que tenha energia e tensão suficientes para produzir transformações, mudanças reais no sistema.

Esse mapeamento dos nós presentes nos tecidos dos ambientes e processos empresariais começa a nos ajudar a entender qual deve ser o primeiro passo para liberar energia, ou seja, desestagnar o contexto, de forma a promover transformações evolutivas no sistema. Isso é algo para termos sempre em mente, principalmente quando adotamos o **Metamodelo Integral de Gestão**. Ao olharmos as múltiplas perspectivas presentes nos sistemas, devemos nos perguntar: Qual o próximo pequeno passo que podemos dar para liberar energia do sistema e ajudá-lo a avançar na direção que gostaríamos?

Nesse caminho, devemos lembrar que a combinação de fatores relativos aos valores organizacionais com questões emocionais é sempre muito forte. Em geral, são os elementos morais e emocionais que fazem o sistema se desviar da direção pretendida. E esse desvio provoca um desconforto muito forte em todos os envolvidos no processo. É o que chamamos de "esquizofrenia organizacional". A organização tem um discurso oficial, uma fala, mas a experiência no dia a dia mostra uma situação diferente. É como aquele pai que diz para sua filha pequena: "Fala para o papai que você ama o papai". E a menina responde: "Papai, eu te amo". Ao que o pai reclama: "Só falou porque pedi, né?". Esse pai provoca uma cisão cognitiva na criança porque ela não consegue entender o paradoxo: "A pessoa que eu mais amo, quando expresso amor de alguma forma, me pune". Infelizmente, comportamentos como esse são muitos comuns também no mundo do trabalho.

Outro tópico importante que devemos ter em mente na hora de puxar o fio da meada no processo de elaboração de uma proposta dentro do **Metamodelo Integral de Gestão** é entender como identificamos os diferentes sistemas em que a organização está inserida e seus Níveis de Consciência para só depois rascunharmos as eventuais intervenções. Temos de ter cuidado em não propor soluções no nível das melhorias contínuas, mas, sim, propostas que sejam verdadeiramente provocadoras de mudanças e de evolução. Para tanto, precisamos sempre dar um passo para trás em relação à situação que se apresenta dentro da empresa e tentar entender o modelo mental que produziu aquele processo. Devemos nos perguntar: "Qual é o campo ou a cultura que produz o modelo mental que leva a esse processo?". Devemos seguir indagando a ponto de compreender a dinâmica sistêmica dos valores organizacionais que produzem o campo e a cultura em questão.

Muito frequentemente, se perguntarmos aos colaboradores quais são os principais problemas de uma empresa, eles dirão que são dois: definir papéis e responsabilidades, e a falta de comunicação eficaz. Frases como: "a gente tem um problema de comunicação" e "a gente precisa definir papéis e responsabilidades" são típicas. E, por incrível que pareça, há quem apresente soluções como "vamos aumentar a comunicação" e "vamos definir melhor os papéis e as responsabilidades, assim sairemos desse impasse". Outra frase frequente é "temos um problema de caixa". Todas essas respostas se referem a sintomas. Problema de fluxo de caixa é um deles. Comunicação ruim também. Papéis e responsabilidades indefinidos são sintomas. Essas são as armadilhas que enfrentamos quando algum colaborador diz que tem tais problemas durante uma entrevista para diagnóstico. De acordo com o **Metamodelo Integral de Gestão**, devemos capturar as informações e colocá-las em escala, em perspectiva, dando um passo para trás para entender de que perspectiva essas pessoas estão falando e o que elas estão realmente querendo dizer.

Esse é um dos maiores desafios do processo que propomos. E é por isso que nossos especialistas são chamados de *Facilitadores de Transformação* ou *Integradores*. Nossa grande questão, quando iniciamos um novo processo, é como vamos dar forma, corporificar os elementos que colhemos nas entrevistas.

Naturalmente, quando nossos consultores olham para algo que está emergindo da realidade, ouvem com criticidade as perspectivas apresentadas e permanecem atentos às palavras que as pessoas escolhem ao falar ou escrever. Entendemos em que nível de consciência elas estão operando. E essa forma de operar é uma característica das pessoas que trabalham com o **Metamodelo Integral de Gestão**. Não é possível realizá-la por meio de questionários. Além disso, mantemos a consciência fundamental de que, todas as vezes que entramos nas empresas clientes, passamos a fazer parte do sistema delas, com todos os emaranhamentos que esse sistema apresenta.

O modo ampliado de entendimento é de extrema importância porque, em primeiro lugar, para manter um passo atrás, esse distanciamento necessário para reconhecer os padrões existentes nas companhias, precisamos entender nossos próprios emaranhamentos. Apesar de também fazermos parte do sistema, nosso ponto de vista deve sempre partir do lugar mais distante. Isso é relevante porque, às vezes, somos contratados para solucionar emaranhamentos cujos responsáveis não têm condição de resolvê-los. Então, contratam um consultor e o colocam no lugar do presidente da empresa, de um vice-presidente, de um diretor... E se o consultor, por vaidade, entrar nesses papéis que não são dele, ele estará apenas se tornando um "fusível" novo em um quadro de força antigo. E acabará "queimando" a si próprio, a consultoria da qual faz parte e o resultado do projeto.

Para que fique claro, sempre que entramos em um espaço, começamos a fazer parte dele carregando junto, inconscientemente, nossos vieses. Ao passar pela porta de entrada e conversar com as pessoas como um consultor, já pertencemos ao sistema. Em alguns casos, os clientes pedem soluções que, provavelmente, ainda não resolvemos totalmente dentro de nós mesmos. Então, devemos sempre lembrar que é importante vivenciarmos nosso papel de consultores com humildade, de forma a permitir uma abertura franca para o outro, que nos deixe praticar e integrar as nossas questões e as da empresa e não tratar as organizações como algo separado. Precisamos nos reconhecer como parte do sistema, ainda que sejamos aquele integrante que chegou por último. E a todo momento nos perguntar: "Como posso estar a serviço do sistema?". Mantendo o entendimento que o sistema está sempre certo, no jeito e no tempo dele. Todos os sistemas organizacionais têm suas peculiaridades, suas incoerências e suas confusões. Mas não se engane: eles sempre podem mudar e mudam. Constantemente se transformam mantendo algo de sua forma de ser anterior. Buscam preservar sua essência. Para tanto, é fundamental focarmos na descoberta do que o sistema está revelando, explícita e implicitamente. E se, a partir de nosso próprio emaranhamento, de nossas histórias mal resolvidas, corremos algum risco de entrar em um papel que não é nosso. Devemos nos perguntar por que, entre as 7 bilhões de pessoas que existem no mundo, somos exatamente nós a viver determinada situação dentro de uma organização, pois sempre temos algo para aprender. Nunca estamos isolados das situações que vivemos. Nós, de alguma forma, precisamos constantemente buscar os limites de nossa aprendizagem. Isso deve estar continuamente ocorrendo para que possamos nos aperfeiçoar cada vez mais.

A Aplicação do Metamodelo em Síntese

O processo do **Metamodelo Integral de Gestão** inclui diferentes atores (no que, tradicionalmente, se convencionou chamar de "internos e externos") para garantir que múltiplas perspectivas e narrativas formem a agenda de transformação. Como o Metamodelo Integral de Gestão parte de uma perspectiva voltada para o ecossistema do qual a empresa pertence, ele procura transcender o conceito de "dentro e fora" e envolver em sua jornada colaboradores, lideranças, acionistas, fornecedores, clientes, comunidade do entorno, ONGs, entidades da sociedade civil etc. Todos são bem-vindos como vozes ativas no processo. Uma jornada típica do processo do **Metamodelo Integral de Gestão**, reconhecendo que cada organização é única e vive um momento específico, leva de seis a nove meses. Nesse período, a cada dois meses em média, são realizados três *workshops* aprofundados: Identidade (com múltiplos *stakeholders*), Estratégia (comitê executivo e/ou principais líderes, além de convidados internos e externos) e **Modelo Integral de Gestão** (time interno). Entre os *workshops* são promovidos encontros quinzenais com o time envolvido no projeto (o comitê executivo ou o time de liderança da empresa, por exemplo) para que ele ganhe segurança psicológica e capacidade de execução do que foi discutido. Esses encontros são permeados por sessões de *coach* individuais para que os participantes aprofundem e incorporem, cada um a seu tempo, os aprendizados. Os membros do time do projeto também são levados a viver experiências fora da organização, visitando outras empresas, espaços e iniciativas que possam inspirar o resultado geral. Depois do último workshop, quando é desenhado o novo modelo de gestão organizacional, ocorrem os encontros de acompanhamento para verificar se o que foi combinado está realmente sendo efetivado. Então, entre os participantes dos *workshops* são formados os guardiões do processo: colaboradores internos que podem vir de diferentes áreas, como Recursos Humanos, Gestão, Cultura, Vendas, e serão os agentes de influência e transformação na organização. O processo de Metamodelo Integral de Gestão deve ser visto como andaimes ou escoramentos ("*scaffolding*", na visão de Dave Snowden), ou seja, uma estrutura provisória que ampara e sustenta o sistema até que ele possa se manter por si mesmo com as novas descobertas e desafios.

Tendo em vista o papel que as organizações tiveram no século passado na conquista de aumento de produtividade e, com essa nova escala, de uma melhor gestão dos negócios, devemos reconhecer, a partir do olhar de que vivemos uma complexidade inédita na nossa civilização. Porque, a cada instante, ocorrem emergências ou desafios que nunca vivemos como sociedade. E mais: somos, em certo sentido, também pioneiros em nossa época, que estamos apenas no começo dessa jornada. Nesse sentido, temos de nos manter atentos para vislumbrar qual deve ser o papel das organizações e como precisa ser a relação com o trabalho a fim de desenvolver uma sociedade mais justa e inclusiva. Provavelmente, nesse futuro, poderemos ver transcendência dos limites de uma organização como ocorre hoje em modelos mais colaborativos, de ecossistemas de múltiplas interações, que ainda não sabemos plenamente o que significam. No entanto, acreditamos fortemente que a ideia de termos um mapa como **Metamodelo Integral de Gestão** poderá auxiliar na formação e na emergência dessa nova sociedade.

VISÃO SISTÊMICA DAS ORGANIZAÇÕES

A Visão Sistêmica das Organizações é uma importante abordagem que utilizamos no processo de aplicação do **Metamodelo Integral de Gestão**. Ela une o conceito de Sistemas Complexos (definido no Capítulo 1 com a apresentação do modelo *Cynefin*) com o de Campos Mórficos (que será detalhado adiante). O grande diferencial dessa abordagem está no olhar abrangente e integrador que o consultor desenvolve, a fim de obter um entendimento maior das correlações existentes nos sistemas organizacionais e em suas dinâmicas internas. Somente depois de compreender um pouco melhor os mecanismos que operam nos vários níveis (aparentes ou não) dentro de uma empresa, nosso Facilitador pode propor alguma intervenção que atue sistemicamente e de fato acione elementos que provoquem leves rupturas nos padrões de condicionamento existentes. Falamos em "leves rupturas" porque sabemos que, ao chegarmos a uma nova organização, pouco ou nada sabemos sobre os intrincados funcionamentos de suas dinâmicas internas. Por isso, dizemos que sempre devemos iniciar um processo de transformação em uma companhia com uma postura de total humildade. Ou seja, devemos, como consultores, reconhecer que somos os mais novos elementos daquele sistema e que será necessário atuar de forma pontual para não comprometer a própria cultura e dinâmica natural do lugar, prejudicando a qualidade das emergências de suas próprias soluções. Nunca daremos respostas prontas para algo que ainda não conhecemos e sempre teremos em mente que os sistemas são capazes de se organizar sozinhos e encontrar o próprio equilíbrio, ou melhor, que eles funcionam da forma exata para produzir o que estão produzindo. A questão é identificar se esse comportamento está saudável ou não, seja para o negócio, seja para seus colaboradores e demais *stakeholders*, seja para o meio ambiente.

Um ótimo exemplo para ilustrar esse momento está na imagem, talvez já conhecida por alguns, de que, ao entrarmos em uma companhia, deparamos com tartarugas em cima de uma árvore. A reação imediata que poderíamos ter seria retirar os animais dos troncos e colocá-los sobre o solo, afinal, tartarugas não sobem em árvores, não é mesmo? Porém, um consultor mais atento e que tenha incorporado a Visão Sistêmica das Organizações saberá que, se os animais estão nas árvores, é porque existe alguma razão para isso que ele simplesmente ainda desconhece. Sua postura inicial deve ser investigar os porquês dessa condição, entender sua origem e os motivos de sua permanência no sistema para, apenas depois, sugerir alguma pequena intervenção inicial.

Veja que aqui, antes da sugestão de uma ação, temos um tempo próprio para o entendimento da situação. É o que chamamos de "curtir o tédio", isto é, uma fase longa de observação e inação do consultor, na qual ele se encontra em processo de compreensão de todo o sistema no qual acabou de se incorporar. Ele age mais como um antropólogo, que quer entender determinada cultura, do que como um engenheiro, que quer encontrar soluções. A partir desse estágio de platô no qual não há interferências, o facilitador consegue identificar as emergências naturais do sistema e reconhecer aquelas que, valorizadas ou estimuladas, podem provocar as mudanças desejadas na companhia. Essas emergências naturais e internas podem se manifestar no comportamento de determinado colaborador ou mesmo por meio de algum elemento físico, como uma fotografia desconhecida de um fundador ou um prêmio esquecido. Não há como saber de que maneira essa emergência ocorrerá, por isso o estado de prontidão e contínua observação nos quais o consultor tem de se manter. Somente com o surgimento desse novo elemento no sistema é que alguma iniciativa deve ser tomada e sempre da forma mais cautelosa e consciente possível.

Para ilustrar esse momento da consultoria, reproduzimos uma imagem muito elucidativa, criada pela arquiteta Ann Pendleton-Jullian, em seu livro *Pragmatic Imagination* (2016, Paperback). Na juventude, ela entendia a vida como se estivesse em um barco a motor, controlando a direção e a velocidade da jornada. Mais tarde, ela reconhece que, na verdade, estaria em um barco a vela no qual consegue controlar a direção da embarcação por meio do leme, mas depende de elementos externos e relativamente imprevisíveis, como os ventos, para definir *quando* e *se* vai alcançar seu destino. Por fim, a autora chega à conclusão de que o que realmente acontece nas jornadas da vida é muito mais parecido com a condução de uma pequena canoa com um remo duplo descendo corredeiras caudalosas em meio a muitas pedras e outros obstáculos, como em um *rafting*. Ela não sabe qual será seu próximo desafio no percurso e suas decisões são tomadas a cada instante, ao sentir o toque do remo em cada rocha, em cada redemoinho. Para um bom resultado, é preciso estar sempre atenta e ter treinamento e conhecimento suficientes para tomar decisões rápidas, seguras e eficazes quase instantaneamente.

É assim que compreendemos como os processos acontecem na realidade: não adianta criar metas ou ter soluções prontas, porque a dinâmica da realidade vai se impor de forma diferente à planejada. Em primeiro lugar é preciso entender a complexidade de um sistema para depois propor alguma ação possível e sempre a partir de alguma emergência interna do próprio sistema. Identificar padrões explícitos e implícitos, como em um exercício de análise topográfica de um terreno e seus substratos, para em seguida propor alguma ação mínima que provoque uma intervenção sistêmica. Com os resultados obtidos, deve-se fazer uma nova intervenção pontual dirigida pelos objetivos de mudança combinados com a empresa e identificar as novas emergências, e assim por diante, até conseguirmos mediar a transformação inerente e natural do sistema organizacional.

Em resumo, podemos listar os nove elementos que basicamente compõem o nosso olhar ao buscar desvendar o funcionamento de um sistema complexo:

1. O todo é maior que a soma de suas partes.

2. Não linear. Processos lineares, representações prévias e metas não funcionam.

3. Muito sensível a pequenas mudanças.

4. Elementos são granulares e fractais, ou seja, estão correlacionados e presentes em todo o sistema.

5. Proximidade e conectividade são grandes influenciadores.

6. *Safe-to-fail*. As intervenções devem ser mínimas para evitar a convergência prematura e corrigir rotas. As soluções não podem ser impostas.

7. Correlação não é causação. Não é porque alguns elementos acontecem ao mesmo tempo que eles estão ligados por causa e efeito. Por exemplo, bombeiros estão sempre presentes em incêndios, mas isso não quer dizer que sejam a causa.

8. Simulação não gera previsão.

9. Navegação numa paisagem de muitas possibilidades. A incerteza é inerente ao processo de mudança.

Campos Mórficos

É importante ressaltar que nossa análise relativa ao entendimento de um sistema organizacional não se dá apenas pela compreensão dos elementos do tempo presente. Temos absoluta clareza da grande influência que os fatos ocorridos exercem sobre os acontecimentos futuros. São os padrões e hábitos desenvolvidos no passado que influenciam o que acontece agora em qualquer lugar do mundo. E são os desejos de construção de determinados futuros e suas potencialidades querendo se manifestar que fazem a realidade se dar no presente. É como se o presente fosse um funil duplo (*Fig. 20*): com os elementos que "empurram" a realidade para a frente, faz colapsar alguns dos potenciais futuros que estão "puxando" a realidade para si. Tanto o passado, com todos os seus padrões e referências, quanto o futuro, com seus diferentes potenciais, provocam o acontecimento ininterrupto do presente.

Fig. 20. Funil duplo de causação

Dessa forma, devemos estar atentos às memórias, às histórias, aos padrões e aos hábitos inconscientes das organizações e seus impactos na construção do presente para a materialização de um futuro desejável. O biólogo inglês Rupert Sheldrake criou o conceito de Campo Morfogenético, detalhado em seu livro *A Presença do Passado: Ressonância Mórfica* (1996, Instituto Piaget), para definir as influências dos padrões passados na reconstrução de tecidos vivos. Uma planta, ao ter parte de seu caule cortado, vai naturalmente reconstruir uma parte sua de modo muito similar à eliminada em virtude dos padrões embutidos em seus genes. Da mesma forma como temos nossa pele reconstituída depois de um pequeno corte. O conceito, ao ser ampliado para nomear as influências da história e da cultura humanas no presente, passou a se chamar **Campo Morfossocial**. É essencial que tenhamos em mente esses campos a fim de acessar as informações que já sabemos, mas, principalmente, as que desconhecemos.

Para acessar esses campos mórficos, temos de deixar de agir (e reagir) automaticamente e precisamos ficar muito atentos ao que acontece no presente. É o que chamamos de *Mindfulness*, absoluta consciência de minha presença em dado instante, percebendo tudo à minha volta para identificar, sem contaminação de nossos próprios padrões, hábitos e expectativas, o que está influenciando determinado acontecimento. É reconhecendo os padrões do passado agindo no presente que poderemos "ajudar" a inovação a emergir no futuro. Para tanto, devemos criar contextos e intervenções que proporcionem a mudança de padrões nas pessoas. A intervenção sistêmica nos permite abrir espaço para que um novo futuro se torne presente ou seja, se torne atual e real.

Introdução às Constelações Organizacionais

Uma das maneiras mais eficazes de realizarmos as Intervenções Sistêmicas nas organizações está baseada em uma ampliação do trabalho do psicoterapeuta alemão Bert Hellinger (1925-2019). O pesquisador desenvolveu uma forma inovadora e extremamente eficiente de intervenção sistêmica para solução ou encaminhamento de problemas em contextos familiares. Seu processo terapêutico foi chamado de **Constelação Familiar** por envolver, grosso modo, o deslocamento de pessoas em um espaço físico, a fim de representar visualmente a configuração de determinada questão, como estrelas em uma constelação. A Constelação Familiar é uma abordagem que foi elaborada a partir de 1978, fenomenológica, sistêmica, não empirista e subjetiva, que se relaciona com diferentes áreas da Psicanálise e da Psicologia (*Fig. 21*).

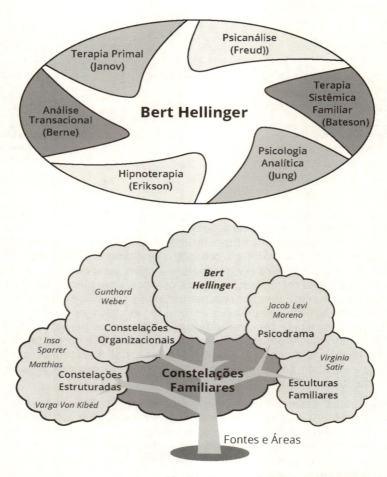

Fig. 21. Fontes e áreas da constelação sistêmica.

A Constelação Familiar[16] é uma vivência terapêutica na qual um indivíduo apresenta (de forma aberta ou em sigilo) uma questão pessoal para ser trabalhada e, em seguida, o terapeuta solicita, também em segredo, informações sobre sua vida e sobre os membros de sua família, como número de filhos, irmãos, avós, mortes, suicídios, assassinatos, doenças graves, casamentos anteriores etc.

Com base nessas informações, o terapeuta pede que o cliente escolha entre os integrantes do grupo, de preferência que não conheçam sua história, alguns para representar membros de sua família e ele mesmo. Eles são dispostos no espaço da sala de forma a manifestar como o cliente sente que se apresentam as relações entre eles. Em seguida, guiado pelas reações, movimentações e sentimentos dos participantes, pelo conhecimento das "ordens do amor"[17] e por sua conexão com o sistema familiar do cliente, o terapeuta os conduz, quando possível, até uma imagem de solução na

---

16. Fonte: Wikipédia. Constelação Familiar. Disponível em <https://pt.wikipedia.org/wiki/Constela%C3%A7%C3%A3o_familiar>. Acesso em: 17 de jun 19.

17. Metodologia descrita em HELLINGER, B. *Ordens do Amor: guia prático para o trabalho com constelações familiares*. Editora Cultrix, 2001..

qual todos eles tenham um lugar onde se sintam bem dentro do sistema familiar. Como resultado, os indivíduos revelam ou exteriorizam fortes melhorias na dinâmica de suas relações familiares.

Em 2018, o Ministério da Saúde incluiu a prática das Constelações Familiares no Sistema Único de Saúde (SUS), como parte da Política Nacional de Práticas Integrativas e Complementares (PNPIC)[18].

Nosso país é pioneiro no emprego das Constelações Familiares no Judiciário, trabalho que se iniciou com o juiz Sami Storch, na Bahia e está se expandindo rapidamente por vários estados brasileiros. Os dados do Judiciário mostram que o uso da Constelação Familiar aumentou significativamente o índice de conciliação em processos de guarda de crianças, alienação parental, inventários e pensão alimentícia. No Judiciário, a intenção não é fazer terapia, mas a conciliação[19].

Algumas hipóteses sobre os mecanismos de funcionamento das Constelações Familiares têm sido levantadas partindo-se da teoria dos Campos Morfogenéticos e apoiando-se em conceitos da Física Quântica, como o princípio da não localidade[20].

Já conhecíamos e praticávamos as Constelações Familiares no Instituto Evoluir, centro terapêutico dirigido há mais de 20 anos por minha mulher, a psicóloga Del Mar Franco. Em 2006, participamos de um curso ministrado pelo holandês Jan Jacob Stam no Canadá para nos qualificarmos na prática das Constelações Organizacionais. Basicamente, os dois tipos de constelação (familiar e organizacional) possuem os mesmos princípios de ação e atuam na restauração das ordens internas dos sistemas. Para que isso ocorra, é preciso liberar energia do sistema, a fim de que saia de seu impasse, ou seja, dos padrões e hábitos repetitivos que o tem impedido de crescer e evoluir. Vale ressaltar que falamos em liberar energia para que o *próprio* sistema encontre seu melhor equilíbrio dinâmico (importante: não estamos nos referindo ao equilíbrio estático, o que representa a própria estagnação e morte do sistema). Não somos nós a propor a solução, mas, sim, o próprio sistema, que vai se abrir para as causalidades futuras e se transformar a partir da experiência da constelação.

Nesse caminho, devemos seguir quatro importantes princípios sistêmicos:

1. Respeito — ao que é e deve ser permitido ser.

2. Pertencimento — todos têm o mesmo direito de pertencer.

3. Equilíbrio entre dar e receber — percepção de justiça.

4. Ordem — o lugar natural do sistema (*Fig. 22*).

---

18. Ministério da Saúde inclui 10 novas práticas integrativas no SUS. Disponível em: < http://www.saude.gov.br/noticias/agencia-saude/42737-ministerio-da-saude-inclui-10-novas-praticas-integrativas-no-sus>. Acesso em: 17 de jun 19.

19. Constelação pacifica conflitos de família no Judiciário. Disponível em: <http://www.cnj.jus.br/noticias/cnj/86659-constelacao-pacifica-conflitos-de-familia-no-judiciario>. Acesso em: 17 de jun 19.

20. Tema ainda controverso no meio acadêmico-científico e negado por muitos físicos teóricos.

Ordem

Na Família	Na Organização
Bisavós	Hierárquica
Avós	Antiguidade (tempo de casa)
Pais	Competência
Filhos	Participação de Acionista
Netos	Etc.
Bisnetos	

Fig. 22. A ordem natural dos sistemas familiares e organizacionais.

O que não falta nas empresas são sistemas para ser trabalhados: departamentos, seções, estruturas, clientes, fornecedores, produtos, mercado, colaboradores, gestores, acionistas, proprietários, fundadores etc. E todos esses indivíduos dentro de seus sistemas organizacionais ainda trazem para o trabalho a carga de seu próprio sistema familiar. Realmente, são sistemas de altíssima complexidade e que atuam em diferentes níveis (*Fig. 23*).

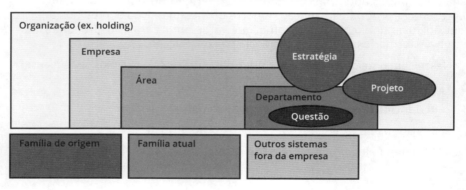

Fig. 23. Os níveis nos sistemas organizacionais.

Para lidar com tudo isso, encontramos nas Constelações Organizacionais uma boa forma de abarcar toda essa complexidade e ainda salvaguardar e trazer à tona o que há de mais importante para cada companhia ou grupo de colaboradores. É ela que nos faz entrar em contato com o que é essencial em uma organização e descobrir a serviço do que a empresa e cada um de seus membros verdadeiramente estão. E, a partir desse ponto, avaliar em conjunto o que precisa ser alterado para que o sistema pare de agir repetida e viciosamente, sempre com os mesmos problemas e questões. Enfim, para dar início a algo novo, transformador, coerente com os valores organizacionais primordiais que geram a identidade e a perenidade de um negócio. Também podemos examinar o que se quer preservar, o que é positivo para o sistema e pode, mesmo, funcionar como alavanca para a mudança.

É importante ressaltar que não costumamos fazer os processos de Constelação dentro das organizações. O que utilizamos é sua lógica metodológica para a análise das situações e relações internas a partir da visão e da reflexão dos nossos facilitadores. É apenas na mente deles que as constelações acontecem e auxiliam no entendimento sistêmico dos cenários organizacionais em seus diferentes momentos e dimensões (passado, presente e futuro) e permitem um diagnóstico e o desenvolvimento de ações mais efetivas para a desestagnação e evolução do sistema.

Nesse processo, como facilitadores, devemos sempre buscar as melhores perguntas para provocar a reestruturação dos quatro princípios sistêmicos anteriormente referidos. Em uma Constelação Organizacional, diferentemente da Familiar, nós lidamos com o deslocamento de ideias na mente e não com a movimentação de corpos no espaço. Por isso, para nós, é fundamental estar atentos para o que acontece nas ordens dos sistemas organizacionais, a fim de encontrar aquela pergunta que gerará uma reflexão, um despertar para hábitos e repetições inconscientes ou mesmo para ações internas que visem à desestagnação do processo. E mais que isso: liberte-o para evoluir e promover a real função das organizações, a qual, aliás, é a mesma das famílias, ou seja, gerar vida por meio de produtos e serviços. O dinheiro não é manifestação do que é essencial. Na sua melhor forma, é consequência do bom encaminhamento da essência da empresa. Caso contrário, ele será um fardo.

NÍVEIS DE CONSCIÊNCIA E DESENVOLVIMENTO VERTICAL

Um dos conceitos fundamentais explorados pela Abordagem Integral são os Níveis de Consciência, que podem ser geridos em organizações por meio de práticas de Aprendizagem Vertical.

Os Níveis de Consciência são características da consciência que se desenvolvem por meio de etapas reconhecíveis — cada estágio revelando um entendimento de mundo marcadamente diferente—, que avançam em complexidade e abrangência e que transcendem e incluem os níveis anteriores. É como uma criança que inicia sua alfabetização aprendendo letras para depois formular palavras (que incluem as letras), para depois elaborar frases (compostas de palavras), para então escrever textos inteiros (compostos de frases). Da mesma forma, outras estruturas da consciência se desenvolvem na mesma lógica de aumento de complexidade.

Essa noção do desenvolvimento vertical pelos níveis é bem visível em crianças e adolescentes, e o senso comum ainda acredita que paramos de nos desenvolver ao chegarmos à vida adulta. Conforme disse o professor e psicólogo norte-americano Robert Kegan, do Departamento de Psicologia de Harvard: "Nós realmente não temos bem metabolizada a noção de que a vida adulta em si é um período de desenvolvimento"[21]. No entanto, apesar de nosso cérebro parar de crescer quando nos tornamos adultos, sua neuroplasticidade permite que o cérebro continue

---

21. *"In Over our Heads – The Mental Demands of Modern Life"*, Robert Kegan, Harvard University Press (1995).

a se desenvolver durante toda a vida, o que reforça que o avanço psicológico correlato também pode potencialmente ocorrer por toda a vida. Acreditamos que o desenvolvimento vertical adulto é vital para enfrentarmos os principais desafios das organizações e da sociedade neste momento histórico.

No livro *Psicologia Integral*, Ken Wilber correlacionou mais de 100 modelos de desenvolvimento humano, entre teóricos de psicologia de desenvolvimento e modelos oriundos de filosofias e tradições espirituais do Oriente. Entre eles, destacamos os que explicitam o desenvolvimento cognitivo (daquilo que temos consciência), de pensadores como Jean Piaget e Sri Aurobindo; o desenvolvimento de Níveis de Valores (daquilo que consideramos mais importante), de Clare Graves; a Espiral Dinâmica, de Don Beck e Chris Cowan; e o desenvolvimento dos Níveis de Autoidentidade ou maturidade do ego (daquilo com que nos identificamos), de Jane Loevinger e Susanne Cook-Greuter.

A seguir, estão descritos oito dos principais estágios de consciência conforme entendidos nas pesquisas sobre o desenvolvimento de valores e autoidentidade. Cada estágio da consciência é identificado com uma cor do espectro de luz para facilitar a referência. É importante que se reconheça que essas etapas não são estruturas rígidas, como degraus em uma escada. São mais parecidas com padrões vagamente delineados ao longo de um espectro de desenvolvimento, como nuances de cores num arco-íris.

Os estágios descritos na *Fig. 24* são divididos em egocêntricos (infravermelho, magenta e vermelho), etnocêntrico (âmbar), globocêntricos (laranja e verde) e kosmocêntricos (verde-água, turquesa e índigo). Os interessados em aprender mais são encorajados a rever as fontes originais listadas nas referências.

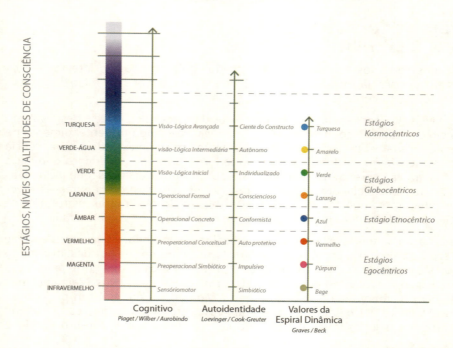

Fig. 24. Correlação entre os Estágios Cognitivos, de Autoidentidade e Valores (adaptado de Barret C. Brown).

Essas teorias de desenvolvimento por níveis ou estágios permitem uma compreensão melhor dos conflitos humanos e seus desdobramentos, tanto é verdade que são utilizadas como um dos métodos principais em terapias de psicólogos e psiquiatras de todo o mundo. Um exemplo é um dos nossos clientes, o já mencionado Instituto Evoluir. Sua diretora, a psicóloga Del Mar Franco, que aplica e dá cursos sobre os conceitos de Graves há mais de dez anos, afirma que, a partir da Espiral Dinâmica, ficou muito mais fácil conscientizar seus clientes. A Espiral Dinâmica é parte importante da abordagem psicológica utilizada por eles. É a partir dela que os clientes conseguem perceber a si próprios e aos outros de maneira mais clara permitindo, assim, uma compreensão e um desenvolvimento maior de suas consciências.

Nós também trabalhamos com os Níveis de Consciência há muitos anos na dimensão das organizações. É uma abordagem que ajuda muito na compreensão da dinâmica evolutiva de indivíduos e empresas e suas interações. O reconhecimento de que estamos em permanente evolução e o uso desse recurso como base para nos situar permitem transformar o ambiente organizacional e aumentar a satisfação das pessoas com seu trabalho.

Ao entendermos os Níveis de Consciência das pessoas com quem nos relacionamos nas empresas-clientes, ficamos mais confortáveis ao indicar a melhor abordagem para os processos de mudança organizacional. Identificando o Nível de Consciência médio de uma companhia, podemos adequar a linguagem de nosso discurso e obter um entendimento melhor da mensagem que queremos transmitir. Há pesquisas que mensuram a quantidade de indivíduos em cada faixa de desenvolvimento. Esses números não são exatos, uma vez que há uma sobreposição de níveis (lembremos que os estágios não são camadas tão exatas e que as pessoas transitam entre mais de um nível), mas esses números dão uma boa noção do Nível de Consciência da sociedade no geral. No Ocidente moderno, por exemplo, estima-se que 10% da população encontra-se até o Nível Vermelho, 40% no Nível Âmbar, de 40% a 50% no Nível Laranja, 20% no Nível Verde, 5% no Nível Verde-Água (Teal) e 0,1% no Nível Turquesa[22].

Em nossa consultoria, utilizamos a abordagem como uma maneira de explicar a complexidade do mundo e a natureza das mudanças ao nosso redor, além de estimular a evolução dos sistemas organizacionais. Com mais de cinco décadas de pesquisas, nos últimos anos, o modelo foi enriquecido pelas ideias do biólogo Richard Dawkins, do psicólogo Mihaly Csikszentmihalyi, entre outras abordagens baseadas em Níveis de Consciência, como a *Action logics* — lógicas de ação, de Bill Torbert e Susanne Cook-Greuter, que tem um foco no desenvolvimento da identidade / ego e a *LDMA – Leadership Decision Making Assessment*, que aborda o desenvolvimento de linha cognitiva e pensamento.

---

22. *"The Religion of Tomorrow: A Vision for the Future of the Great Traditions"*, Ken Wilber, Shambhala Publications (2017).

Apresentação dos Níveis de Consciência[23]
Estágios Egocêntricos

Os estágios egocêntricos caracterizam-se por uma baixa diferenciação entre o indivíduo e o ambiente ao redor. Assim, eles pouco conseguem perceber a si mesmos como indivíduos em um contexto maior de realidade, gerando uma tendência marcante de egocentrismo. Suas necessidades fisiológicas e emocionais prevalecem sobre os interesses alheios.

O Estágio Infravermelho

Valores

Em resumo: manter-se vivo. **Tema básico:** faço o que preciso para me manter vivo.

O que é importante: comida, água, calor, sexo e segurança; o uso de hábitos e instintos para sobrevivência.

Onde é visto: os primeiros povos; recém-nascidos; idosos senis; vítimas de Alzheimer em estágio avançado; pessoas em situação de rua mentalmente doentes; massas famintas, a exemplo do filme *O Náufrago*.

Autoidentidade

Foco principal: nenhuma pesquisa disponível, mas o foco provável é a sobrevivência.

Descrição: o eu é indiferenciado, o que significa que não pode ter uma perspectiva sobre si mesmo e o outro é visto como fundido — ou não distinto — do próprio eu. Adultos nessa fase são geralmente pré ou não verbais e, muitas vezes, institucionalizados ou completamente dependentes da proteção e de cuidado dos outros.

Como influencia os outros: nenhuma pesquisa disponível.

---

23. Baseado no texto *An Overview of Developmental Stages of Consciousness*, Barret C. Chapman, Integral Institute (2006).

O Estágio Magenta

Valores

Em resumo: segurança e proteção. **Tema básico:** mantenho os espíritos felizes e os companheiros da tribo aquecidos e seguros.

O que é importante: fidelidade ao chefe, aos anciãos, aos antepassados e ao clã; obedecendo aos desejos de seres espirituais e sinais místicos; preservar objetos sagrados, lugares, eventos e memórias; ritos de passagem, ciclos sazonais e costumes tribais; parentesco e linhagem.

Onde é visto: crenças em maldições como vudu e amuletos de boa sorte; rituais familiares; rancores antigos; crenças e superstições étnicas mágicas; forte em alguns países menos desenvolvidos, gangues, equipes de atletas e "tribos" corporativas, a exemplo do filme *Apocalypto*.

Autoidentidade

Foco principal: segurança e satisfação das necessidades básicas; seguindo os próprios impulsos.

Descrição: frequentemente encontrado em crianças muito novas, que são governadas por impulsos; adultos nessa fase têm uma concepção inadequada das complexidades da vida e podem facilmente se sentir confusos e oprimidos; possuem uma moralidade expediente (as ações só são ruins se alguém for pego).

Como influencia os outros: birras, tiram (roubam) o que querem, fuga.

O Estágio Vermelho

Valores

Em resumo: poder e ação. **Tema básico:** sou o que sou e faço o que quero.

O que é importante: poder, espontaneidade, heroísmo, gratificação imediata; manter-se em pé, vai para a briga, recebendo respeito e atenção; ser ousado, impulsivo e se divertir sem arrependimento; conquistando, superando, dominando.

Onde é visto: juventude rebelde; mentalidades fronteiriças; reinos feudais; heróis épicos; estrelas de rock selvagens; líderes de gangue; mercenários, a exemplo da série *Peaky Blinders*.

Autoidentidade

Foco principal: as próprias necessidades imediatas, oportunidades, autoproteção.

Descrição: primeiro passo em direção ao controle dos impulsos; senso de vulnerabilidade e proteção; resposta de luta ou fuga é muito forte; orientado para o ataque e ganha-perde na natureza; horizonte de curto prazo; foco em coisas concretas e vantagens pessoais; vê as regras como perda de liberdade; o feedback é recebido como um ataque.

Como influencia os outros: toma conta com as próprias mãos, coação, ganhando a luta.

Estágios Etnocêntricos

Quando os indivíduos se encontram em estágios etnocêntricos, já não são exclusivamente orientados para as próprias necessidades. Existe uma capacidade de perceber-se como parte de um grupo maior, regido por um conjunto de regras e crenças coletivas. Nesse estágio, o indivíduo tende a comportar-se de forma conformista, emulando o comportamento de seu grupo de identificação, buscando o pertencimento. No entanto, ainda é incapaz de reconhecer ou aceitar grupos e indivíduos com crenças e comportamentos diferentes de seu grupo de identidade, os quais constituem uma ameaça ao seu grupo e ao seu próprio pertencimento.

O Estágio Âmbar

Valores

Em resumo: estabilidade e vida útil. **Tema básico:** a vida tem sentido, direção e propósito com resultados predeterminados.

O que é importante: sacrificar-se por uma causa maior (secular ou religiosa), verdade, missão, recompensa futura; leis, regulamentos e regras; disciplina, caráter, dever, honra, justiça e fibra moral; vida justa; controlar a impulsividade através da culpa; seguindo princípios absolutistas de certo e errado, preto no branco; ser fiel, mantendo a ordem e harmonia; um jeito certo de pensar e de fazer; convenção, conformidade.

Onde é visto: América puritana, China confucionista, Inglaterra dickensiana, disciplina de Singapura; totalitarismo; códigos de cavalheirismo e honra; boas obras de caridade; fundamentalismo religioso (por exemplo, cristão e islâmico); "Maioria moral"; patriotismo; a exemplo da série *Downtown Abbey*.

Autoidentidade

Foco principal: comportamento socialmente esperado, aprovação.

Qualidades: emergência da capacidade de ver e responder ao que os outros querem; autoidentidade definida por relação ao grupo, cujos valores transmitem forte senso de "dever"; valores que diferem dos seus são desprezados ou evitados; age de acordo com as normas do grupo ao qual querem pertencer (incluindo gangues e grupos de pares); evita conflitos internos e externos; pensando em termos simples e fala em generalidades e chavões; atento ao bem-estar social do próprio grupo; mentalidade "nós contra eles"; o *feedback* é recebido como desaprovação pessoal.

Como influencia os outros: reforça as normas sociais existentes, encoraja, persegue, exige conformidade com protocolo para conseguir que outros sigam.

Estágios Globocêntricos

Nesses estágios há uma capacidade ampliada de pertencimento como parte de toda coletividade humana. A predisposição para aceitar os diferentes grupos e indivíduos aumenta em torno da percepção de valores humanos básicos inerentes a todos.

O Estágio Laranja

Valores

Em resumo: sucesso e autonomia. **Tema básico:** ajo em meu próprio interesse jogando o jogo para ganhar.

O que é importante: progresso, prosperidade, otimismo e autoconfiança; estratégia, assumindo riscos e competitividade; objetivos, alavancagem, desenvolvimento profissional e domínio; racionalidade, objetivismo, resultados comprovados, tecnologia e o poder da ciência; uso da terra e recursos para difundir a abundante "boa vida"; avançar aprendendo os segredos da natureza e buscando as melhores soluções.

Onde é visto: o Iluminismo; o livro *A Revolta de Atlas*, de Ayn Rand; Wall Street; classe média emergente ao redor do mundo; colonialismo, pragmatismo político; área de vendas e *marketing*; indústrias de moda e cosméticos; Câmaras de Comércio; a Guerra Fria; materialismo; a Avenida Paulista e escritórios da Avenida Luís Carlos Berrini (grandes centros financeiros e corporativos em São Paulo), a exemplo da série *Billions*.

Autoidentidade

Foco principal: entrega de resultados, eficácia, metas; sucesso dentro do sistema.

Qualidades: elementos primários da "consciência do adulto" estão presentes, incluindo metas de longo prazo, capacidade de autocrítica e senso mais profundo de responsabilidade. Interessado em causas, razões, consequências e uso efetivo do tempo; orientado para o futuro e proativo; pioneirismo em vez de peão do sistema; cego à subjetividade por trás da objetividade; sente culpa quando não atinge certo padrão ou meta; *feedback* comportamental é aceito.

Como influencia os outros: fornece argumento lógico, dados, experiência; faz acordos contratuais de tarefa e objetivo.

O Estágio Verde

Valores

Em resumo: harmonia e igualdade da comunidade. **Tema básico:** busco a paz dentro do eu interior e exploro com os outros as dimensões de cuidado da comunidade.

O que é importante: sensibilidade aos outros e ao meio ambiente; sentimentos e carinho (em resposta à racionalidade fria do Laranja); harmonia e igualdade; reconciliação, consenso, diálogo, participação, relacionamentos e trabalho em rede; desenvolvimento humano, vínculo e espiritualidade; diversidade e multiculturalismo; relativismo e pluralismo; libertando o espírito humano da ganância, dogma e divisão; distribuindo os recursos e as oportunidades da Terra igualmente entre todos.

Onde é visto: frequentemente visível nas profissões de ajuda (por exemplo, cuidados com a saúde, educação e atividades empresariais orientadas para os sentimentos); música *Imagine*, de John Lennon (1940-1980); idealismo holandês; treinamentos com sensibilidade; investigação cooperativa; pós-modernismo; politicamente correto; direitos humanos e questões de diversidade; a exemplo do filme *Avatar*.

Autoidentidade

Foco principal: *self* em relação ao sistema e em interação com o sistema.

Qualidades: toma decisões baseadas na sua própria visão da realidade; está ciente de que interpretar a realidade "depende sempre da posição do observador"; mais tolerante consigo mesmo e com os outros graças à consciência da complexidade da vida e das diferenças individuais; questiona identidades antigas; mais interessado em realizações pessoais independentes de recompensas socialmente sancionadas; compreensão ampliada da complexidade, conexões sistêmicas e efeitos não intencionais das ações; começa a questionar as próprias suposições e as dos outros; fala de interpretações em vez de verdade; resolução sistemática de problemas; começa a procurar e valorizar o *feedback*.

Como influencia os outros: adapta (ou ignora) regras quando necessário, ou inventa novas; discute questões e diferenças.

Estágios Kosmocêntricos

Os Estágios Kosmocêntricos (nome derivado do antigo termo pitagórico *Kosmos*, que significa o universo inteiro em todas as suas várias dimensões — física, emocional, mental e espiritual) possuem a complexidade que permite abranger muito além da coletividade humana. Nesse ponto, eles entendem a humanidade apenas como mais um aspecto dentro de um contexto mais amplo e não mais veem a humanidade como o ápice ou o centro do planeta e da realidade. Sua capacidade empática abrange agora toda a Natureza, além de espécies e aspectos mais sutis da realidade. Nesse estágio, a afirmação de Julian Huxley (1887-1975) torna-se uma revelação: "No homem, a evolução pode se tornar consciente".

O Estágio Teal

Valores

Em resumo: qualidades e responsabilidades do Ser. **Tema básico:** vivo de maneira plena e responsável como o que sou e aprendo a me tornar.

O que é importante: a magnificência da existência (sobre posses materiais); flexibilidade, espontaneidade e funcionalidade; conhecimento e competência (sobre hierarquia, poder e *status*); a integração das diferenças em fluxos naturais interdependentes; complementando o igualitarismo com graus naturais de classificação e excelência; reconhecimento de sistemas dinâmicos sobrepostos e hierarquias naturais em qualquer contexto.

Onde é visto: as organizações de Peter Senge; os objetivos de W. Edward Deming; o livro *Breve História do Tempo*, de Stephen Hawking; Teorias do Caos e Complexidade; as invenções de Buckminster Fuller; parques ecoindustriais (usando os resíduos dos outros como matéria-prima), o livro *Reinventando Organizações, de Laloux*, a exemplo do filme *A Origem*.

Autoidentidade

Foco principal: vinculando teoria e princípios com a prática; interações de sistemas dinâmicos.

Qualidades: compreende múltiplos sistemas interconectados de relacionamentos e processos; capaz de lidar com necessidades e deveres conflitantes em contextos em constante mudança; identifica a necessidade de autonomia enquanto partes de um sistema são interdependentes; reconhece princípios superiores, a construção social da realidade, complexidade e interrelações; busca por detectar problemas.

Solução de problemas: ciente do paradoxo e da contradição no sistema e em si; sensível a nichos específicos de mercado, momento histórico, movimentos sociais mais amplos; cria jogos de soma positiva; consciente do próprio poder (e talvez seja seduzido por ele); busca *feedback* dos outros e do ambiente como vital para o crescimento e sentido do mundo.

Como influencia os outros: lidera a reformulação, reinterpretando a situação para que as decisões apoiem princípio geral, estratégia, integridade e visão de futuro.

O Estágio Turquesa

Valores

Em resumo: ordem global e renovação. **Tema básico:** experimento a inteireza da existência por meio da mente e do espírito.

O que é importante: pensamento holístico, intuitivo e ações cooperativas; ondas integrativas de energia; unindo sentimento com conhecimento; vendo o eu tanto como distinto e como uma parte misturada de um todo maior compassivo; reconhecimento de que tudo se conecta a tudo em alinhamentos ecológicos; ordem universal, mas de maneira consciente e orgânica, não baseada em regras (âmbar) ou ligações de grupo (verde); a possibilidade e atualidade de uma "grande unificação"; a detecção de harmônicos, forças místicas e os estados de fluxo penetrantes que permeiam qualquer organização.

Onde é visto: as teorias de David Bohm; o trabalho de Campos Mórficos de Rupert Sheldrake; ideais de Gandhi de harmonia e pluralismo; integração pluralística de Nelson Mandela; pensamento integral-holístico, a exemplo da série documental *This Strange Rock*.

Autoidentidade

Foco principal: interação de consciência, pensamento, ação e efeitos; transformando a si mesmo e aos outros.

Qualidades: altamente consciente da complexidade de criação de significado, interações sistêmicas e processos dinâmicos; almeja transformação pessoal e espiritual e apoia os outros em suas buscas de vida; cria eventos que se tornam míticos e reformulam o significado das situações; pode entender "ego" como uma "unidade central de processamento" que cria ativamente um senso de identidade; cada vez mais sensível à contínua "ressignificação" de quem se é; pode reconhecer o ego como ameaça mais séria para o futuro crescimento; continuamente atento à interação entre pensamento, ação, sentimento e percepção, bem como influências e efeitos sobre indivíduos, instituições, história e cultura; trata o tempo e os eventos como simbólicos, analógicos, metafóricos (não meramente lineares, digitais, literais); pode sentir que é raramente entendido em sua complexidade pelos outros.

Como influencia os outros: reformula, vira de dentro para fora, de cabeça para baixo, faz palhaçada, segura o espelho para a sociedade; muitas vezes trabalha nos bastidores.

O Estágio Índigo

Valores

Atualmente em pesquisa, não há dados disponíveis.

Autoidentidade

Foco principal: ser, consciência não controladora; testemunhando o fluxo de experiência e estados de mente.

Qualidades: emergência de uma perspectiva que é transcendente ao ego ou universal; as pessoas sustentando esse estágio da consciência parecem "(...) experimentar a si mesmo e aos outros como parte da humanidade em movimento, incorporados no terreno criativo, cumprindo o destino da evolução" (Cook-Greuter, 2002, p. 32); consciência deixa de aparecer como uma restrição, mas, sim, como mais um fenômeno que pode estar no primeiro plano ou plano de fundo; uma integração de sentimentos de pertencimento e separabilidade ocorre; múltiplos pontos de vista podem ser tomados sem esforço; o padrão de fluxo e mudança constantes tornam-se o contexto para se sentir em casa; é capaz de respeitar a essência nos outros, não importa quão diferentes possam ser; está em sintonia com o trabalho de sua vida como "uma expressão simultânea de seus 'eus' únicos" e como parte de sua humanidade compartilhada.

Como influencia os outros: não há dados de pesquisa disponíveis.

Os Níveis de Consciência na consultoria

O tema dos Níveis de Consciência nas organizações começou a se popularizar a partir da publicação de *Reinventando as Organizações*, de Frederic Laloux, que foi traduzido de forma colaborativa e publicado no Brasil pela Editora Voo. Nesse livro, com prefácio de Ken Wilber, o autor correlaciona os diferentes Níveis de Consciência e os diversos tipos de organização e seus modelos.

Sendo esse um assunto pouco conhecido ainda, há um vasto campo de possibilidades que emergem em torno dele e da aprendizagem vertical para o desenvolvimento das organizações. Isso se tornará mais claro à medida que os enormes desafios oriundos do aumento da complexidade do mundo e dos modelos organizacionais começarem a ser efetivamente percebidos e sentidos como *gaps* no desenvolvimento de Níveis de Consciência dos indivíduos, com reflexos na cultura organizacional como um todo.

Como parte da consultoria, a abordagem dos Níveis de Consciência pode ser utilizada na fase do diagnóstico do projeto, na elaboração das soluções e de contextos para o desenvolvimento vertical de lideranças e times, bem como, ao longo da aplicação do projeto, para garantir o impacto da transmissão da mensagem para os diferentes públicos envolvidos, gerando assim tração para iniciativas e mudanças na organização.

Há que se fazer uma ressalva: deve-se tomar muito cuidado ao desenhar intervenções que tentem impor níveis muito distantes do que é percebido na cultura e na média dos colaboradores de uma empresa. Se isso ocorrer, a chance de rejeição e falta de tração no trabalho serão grandes, e a receita que recomendamos é atuar sempre "meio tom acima", ou seja, em uma cultura bem "laranja" adotar um caminho que introduza alguns aspectos do "verde" para alavancar o desenvolvimento, de modo a desafiar o nível atual, mas sem rupturas. Ainda, ao introduzir modelos muito avançados, devemos ter a consciência do processo gradual para envolver os colaboradores no nível que estão e utilizando os gatilhos próprios do nível atual deles para motivá-los a adotar os novos formatos que serão promotores do desenvolvimento.

Mapeamento dos stakeholders

Na fase do diagnóstico, desenvolvemos um mapeamento de *stakeholders* que leva em conta seus Níveis de Consciência para melhor atender às necessidades e comunicá-las de maneira mais efetiva nos diferentes grupos, gerando também maior tração na organização.

Para exemplificar o processo, listamos a seguir algumas das questões que costumamos utilizar para mapear os *stakeholders* e desenhar as soluções e interações.

Para identificarmos os Níveis de Consciência, existem vários métodos e ferramentas, como o MAP (do Veda, de Susanne Cook-Greuter e Beena Sharma) e o *Leadership Decision Making Assessment* — *LDMA* (Lectica), que podem ser empregados em programas de aprendizagem vertical na Educação Corporativa. Porém, para mapeamento em grupos mais amplos de *stakeholders* em que não seja necessária uma avaliação acurada, apenas uma visão aproximada que permita uma base de orientação, o investimento nesse tipo de teste pode ser inviável ou desnecessário. Todavia, apenas com uma boa fundamentação e experiência no assunto é possível avaliar o nível geral de um grupo com uma boa observação e algumas questões reveladoras.

Mapeamento de stakeholders e seus Níveis de Consciência

1. Qual o papel que o *stakeholder* tem no projeto?
2. Qual a motivação dele para participar do projeto?
3. Quais são as expectativas e objetivos dele em relação ao projeto?
4. Em que ele acredita? O que pensa? O que deseja? (As respostas dele indicam em qual Nível de Consciência esse *stakeholder* está operando? Qual é? Utilize a lista de níveis anteriormente citada para avaliar).
5. Há algum conflito de crenças apresentado pelo *stakeholder*?
6. Como ele vai se beneficiar do projeto?
7. A partir de que perspectiva opera? Individual ou coletiva?
8. Como a intervenção / solução proposta pode melhor atender esse *stakeholder*?

A Chie Integrates está desenvolvendo alguns projetos-piloto de mapeamento de níveis em grandes grupos utilizando o *Sense Maker®*. Acreditamos que a combinação dessas potentes ferramentas permitirá *insights* significativos para desenhar intervenções transformadoras em organizações e sistemas sociais.

GESTÃO DE POLARIDADES[24]
Uma habilidade crítica para a gestão da cultura nas organizações

Alguns problemas — dentro ou fora das organizações — nunca parecem estar resolvidos. A verdade é que alguns deles estão em movimento dinâmico contínuo e podem nunca ser resolvidos em um sentido tradicional. A essas questões que parecem nunca ter solução chamamos de **polaridades** (ou dilemas ou, às vezes, paradoxos). São situações em que ambos os pontos de vista conflitantes são verdadeiros.

Quando examinamos uma cultura empresarial, invariavelmente encontramos algumas áreas de dor, ou seja, temas e situações organizacionais que repetidamente produzem insatisfação e sofrimento. Se olharmos para essas áreas como problemas a serem resolvidos e imaginar que eles podem realmente ser solucionados definitivamente e para sempre simplesmente identificando as soluções, estaremos enganados. Muitas das áreas-chave de dor nas organizações são, na verdade, polaridades, e não problemas que podem ser resolvidos.

Nós experimentamos essa dor quando sentimos que alguns dos valores (ou polos) de que gostamos ou privilegiamos estão em desvantagem em relação a seus polos opostos e interdependentes. Reconhecer as polaridades em nossa cultura nos ajuda a estar cientes desses polos e gerenciá-los melhor para que possamos avançar para uma cultura que evolui em seu discurso e prática e equilibra valores concorrentes de forma produtiva para os indivíduos e para a própria organização.

Alguns exemplos muito comuns de situações nas quais as polaridades aparecem por meio do discurso dos colaboradores nas organizações são:

- "Afinal, como devo trabalhar: como protagonista individual ou como membro de uma equipe alinhada?"
- "Devemos nos concentrar em cumprir os compromissos definidos em nossas metas ou devemos ser inovadores?"
- "Precisamos seguir à risca as estruturas e os processos desenhados ou devemos ser flexíveis?"
- "Nós devemos auxiliar as pessoas a evitar erros e situações arriscadas ou desafiá-las continuamente para a responsabilização individual e assumir riscos?"

E essa lista continua indefinidamente. Muitos de nós já devem ter ouvido um ou mais desses discursos, senão todos eles. Ou mesmo os proferido e sentido na pele estar balançando entre os dois polos opostos. Às vezes pensando nos benefícios de um lado ao mesmo tempo em que lamenta o que perde no outro. E, no fundo, reconhecemos que tendemos a favorecer um dos polos citados em detrimento do outro, mesmo sabendo que isso causará algum desequilíbrio ou dor, como falamos anteriormente.

---

24. Agradecimento especial à consultora e amiga Beena Sharma, presidente da *Vertical Development Academy*, pelos conteúdos apresentados sobre esse tema.

De acordo com o processo de Gestão de Polaridades — criado, desenvolvido e aplicado pelo pesquisador estadunidense dr. Barry Johnson, fundador e líder do *Instituto Polarity Partnerships* nos Estados Unidos —, nenhuma das questões citadas é um problema para resolver escolhendo um e negligenciando o outro polo. Eles são o que chamamos de polaridades, questões e valores inerentemente inevitáveis e insolúveis. A contínua tensão natural entre os dois polos pode ser apenas gerida e, assim, canalizada para uma sinergia criativa que leva a resultados superiores e a uma evolução cultural positiva.

As polaridades a serem gerenciadas nas organizações são valores imbricados ou polos que não podem funcionar bem de forma isolada porque são dois lados interdependentes. Não podemos escolher um como uma "solução" e negligenciar o outro. Por exemplo, os líderes não podem escolher entre ser flexíveis e determinados. Todos os líderes efetivamente precisam ser as duas coisas e, portanto, gerenciar a polaridade entre flexibilidade e determinação.

As polaridades são inevitáveis, insolúveis e indestrutíveis

Uma lógica de resolução de problemas não funcionará para o gerenciamento de polaridades. Nossa capacidade de resolução de problemas, embora útil na maioria das situações, pode acabar atrapalhando quando temos uma polaridade a gerir. O processo de Gestão de Polaridades é uma adição à resolução de problemas, não uma substituição. O objetivo é obter o melhor de ambos os polos opostos, evitando os extremos de cada um (ou a fixação em apenas um deles) e conquistando um fluxo dinâmico entre seus aspectos positivos. A metodologia para o gerenciamento das polaridades traduz seus conceitos em um sistema de pensamento e uma ferramenta (mapa da *Fig. 25*) que podem permitir que indivíduos e grupos trabalhem melhor com as tensões dinâmicas que são a própria natureza da cultura e da realidade de cada empresa. O modelo de gestão de polaridades e seu conjunto de princípios costumam fazer sentido imediatamente dentro das organizações porque, afinal de contas, todos nós temos trabalhado com polaridades durante nossa vida.

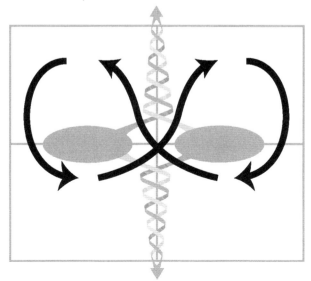

Fig. 25. Mapa de Polaridades™ da Polarity Partnerships.

Quando administramos polaridades, a tensão inerente entre os opostos é convertida em uma sinergia positiva, chamada de círculos virtuosos. Os polos contrários reforçam-se de forma positiva. Quando os líderes erroneamente veem uma polaridade para gerenciar e pensam que têm um problema para resolver, a tensão entre os opostos é convertida em sinergia negativa, chamada de círculos viciosos. Os polos opostos fortalecem-se de maneira negativa. Com o gerenciamento de polaridades, podemos evitar círculos viciosos e criar círculos virtuosos que impactem diretamente a cultura de uma organização e apoiá-la em direção a uma maior integridade e alinhamento com seus valores.

Entendendo como as polaridades funcionam

- Há uma oscilação contínua entre os polos que se parece com um *loop* infinito.
- Ao se concentrar em um polo, ao longo do tempo, você alcança os limites (ou extremos) desse polo, o que torna o outro polo cada vez mais atraente, algo como "a única saída".
- É possível gerenciar bem uma polaridade e obter resultados positivos de ambos os lados, minimizando os efeitos de ambas as desvantagens.
- Um ponto de vista (ou opinião) é formado a partir da desvantagem de um polo, que é temido e visto como o problema, e as vantagens do polo oposto, que é valorizado, são vistas como uma solução.
- Ao gerenciar uma polaridade, tenha em mente que ambos os pontos de vista são necessários, mas não completos. Você precisa de todos os elementos do sistema agindo dinamicamente.
- Em geral, o sistema "trava" quando fica estagnado nas desvantagens de um polo e não há movimento no sentido de se alcançar os elementos positivos do outro polo (ou vice-versa).

*"Capital é...
Riqueza na forma de dinheiro ou de outros ativos;
Recurso valioso de um tipo específico"*

- Oxford American Dictionary

"Podemos — e devemos — conduzir nossas teorias e práticas econômicas de forma alinhada com nosso entendimento mais recente sobre como o universo e a humanidade funcionam!"

- John Fullerton - Capital Institute

CAPÍTULO 4:
O FRAMEWORK DE METAIMPACTO

Usando o projeto Multicapital para criar Negócios Integrais

por Sean Esbjörn-Hargens, PhD.

INTRODUÇÃO

Vivemos em uma era complexa, cheia de incertezas, mas também repleta de possibilidades. Os negócios, como sempre, estão mudando de maneira dramática e sem precedentes. Na última década, vimos o crescimento de várias formas de capitalismo consciente, investimento de impacto social e o surgimento das empresas B e de empresas sociais (*for-benefit*). Todas essas iniciativas enfatizam o papel das empresas, que podem ser uma força para o bem e ter responsabilidade social atendendo ao bem comum. Também vimos uma proliferação de moedas alternativas (por exemplo: as criptomoedas), ao lado das novas plataformas digitais para contabilidade e transparência, como as tecnologias *blockchain* e *holochain*. Essas novas moedas digitais estão afrouxando nossos conceitos de dinheiro e capital. Ao mesmo tempo, surgiu a economia de compartilhamento (por exemplo: Uber e Airbnb), que transformou vários setores praticamente da noite para o dia. Com esses novos desenvolvimentos, contabilidade e relatórios integrados ganharam popularidade usando múltiplas estruturas de capital para rastrear ativos tangíveis e intangíveis dentro de um sistema empresarial.

Em 2014, comecei a estudar vários modelos do novo pensamento econômico que incluíam múltiplas formas de capital. No total, estudei mais de 20 abordagens diferentes de análise de múltiplos capitais, que tinham de três a 19 modalidades de capital. Eu me questionava enquanto as analisava: que formas de capital aparecem na maioria dos modelos, quais aparecem em alguns deles, quais são os tipos de capital mais importantes e qual o seu relacionamento e como podem ser agrupados de modo integrado? Minha meta era criar um *framework* **Multicapital** que se baseasse no melhor desses outros modelos e tivesse o mínimo possível de formas de capital e tantas quantas fossem necessárias para representar a troca de valores de modo completo e não redutor. Assim, nos anos seguintes, criei o *framework* **Metaimpacto**, com seus 10 tipos de capital, que podem ser organizados em quatro tipos distintos de impactos e todos os 10 podem ser medidos por três tipos de dados. Além disso, é possível combiná-los, a fim de obter os quatro resultados financeiros de Pessoas, Planeta, Lucro e Propósito. Este capítulo fornece um breve resumo do framework Metaimpacto para que você possa começar a usá-la paralelamente e como parte do **Metamodelo Integral de Gestão** (MIG) apresentado neste livro.

Juntos, esses componentes do *framework* **Metaimpacto** (Impactos, Capitais, Dados, Resultados Financeiros) funcionam em conjunto para criar o que chamo de **economia de sabedoria**. Trata-se de um sistema de troca de valores que é simultaneamente aberto, inclusivo, regenerativo, verde, circular, transparente, integrador e multicapitalista.

O *framework* **Metaimpacto** opera bem com o **Metamodelo Integral de Gestão**, permitindo que as organizações avaliem seu progresso na implementação do MIG. É possível usar todos os 10 Capitais para medir e rastrear a troca de valores em qualquer uma das três principais colunas do MIG: Pessoal, Equipe ou Organizacional. Nesse contexto, é possível focar em aspectos de Primeira Pessoa (1P), Segunda Pessoa (2P) ou Terceira Pessoa (3P) de cada capital (*veja a seguir uma análise mais detalhada disso*) à medida que melhor se aplicam a cada coluna. Por exemplo, é permitido usar métricas 1P para mensurar o progresso na coluna Indivíduos, métricas 2P para rastrear a coluna Equipe e métricas 3P para tornar visível a dinâmica Organizacional. Outra maneira de combinar o *framework* **Metaimpacto** (MiF) com o MIG é selecionar diferentes capitais para focar várias colunas do MIG. Por exemplo, usar capital psicológico e capital espiritual com a coluna Indivíduos, capital social e capital cultural com a coluna Equipe e capital humano e capital financeiro com a coluna Organização. A questão é que existem muitas maneiras criativas de usar a MiF para apoiar seus esforços ao utilizar o **Metamodelo Integral de Gestão**. A principal coisa a lembrar é que a MiF permite que você rastreie e meça — usando várias formas de capital — o sucesso do MIG.

O *framework* **Metaimpacto** tem sido usado com sucesso por pessoas, organizações com uma missão (por exemplo: empresas com ou sem fins lucrativos), comunidades e grupos, formuladores de políticas e para análise de sistemas. Ele tem sido utilizado para cultivar e rastrear múltiplas formas de valor, de um modo que preserve a integridade das pessoas e dos sistemas. As economias de sabedoria resultantes são sábias porque dão espaço a *insights* e os integram a todos os 10 principais domínios do conhecimento e compreensão humanos. Isso nos possibilita projetar sistemas que funcionem para todos nós e para o planeta.

A aplicação do *framework* **Metaimpacto** é um caminho eficaz para transformar os sistemas ao nosso redor. Costumo dizer que, se você quiser modificar a realidade — uma maneira poderosa é mudar o que, como e por que você mede tal coisa. Ao mensurar e tornar a realidade mais visível — podemos então estabelecer um diálogo mais profundo com a ela e, assim, cultivar maiores formas de intimidade com a realidade. Para navegar com sucesso na complexidade do século 21, precisamos de formas não redutoras e integradoras para avaliar o impacto e a troca de valores entre pessoas e sistemas.

Resumindo, o *framework* **Metaimpacto** é um modelo integrador usado para o projeto de soluções econômicas regenerativas que serve a *todos nós* — criando sistemas multicapitais, inclusivos e transparentes ou, conforme dissemos, o que gostamos de chamar de **economia de sabedoria**. Essa estrutura é o resultado de uma meta-análise integradora de mais de uma dúzia dos modelos mais notáveis de Multicapital e impacto social disponíveis atualmente. As quatro dimensões que compõem o *framework* (Impacto, Capitais, Dados, Resultados Financeiros) fornecem um conjunto de coordenadas para projetar economias de sabedoria para seus projetos, organização, comunidade ou sistemas sociais de larga escala. Trabalhar com essas quatro dimensões permite que você:

- Maximize os impactos positivos motivados pela Missão (minimizando ao mesmo tempo os impactos negativos);
- Transforme a consciência;
- Dirija práticas e operações diárias mais eficazes;
- Aumente o valor gerado pelos esforços atuais; e
- Torne visíveis categorias totalmente novas de criação de valor que estão disponíveis em seu contexto.

O *framework* **Metaimpacto** permite que você classifique o que é mais importante e, como resultado, faça narrativas mais poderosas do impacto impulsionado pela Missão. Assim, a MiF aumenta os quatro tipos de impactos sociais usando 10 tipos de capital, que podem ser medidos usando três tipos de dados, que se combinam para formar quatro resultados financeiros, em quatro resultados financeiros, medindo 10 Capitais por meio de três fluxos de dados. Agora, vamos dar uma olhada em cada um desses elementos.

OS QUATRO IMPACTOS

O *framework* **Metaimpacto** ajuda sua empresa a ter vários tipos de impacto. Não é suficiente apenas medi-los ou mesmo tê-los. Em vez disso, você quer ter certeza de que está tendo mais dos tipos corretos de impacto. Isso é feito fechando-se a lacuna entre a Missão e o impacto que existe em muitas organizações. Isso é especialmente importante para empresas orientadas por Missão e Propósito. Não é suficiente medir o impacto, você precisa ter certeza de que está analisando o correto. Com frequência, vejo organizações analisando todos os tipos de impacto. Entretanto, após um exame mais atento, descubro que os dados que estão obtendo dizem muito pouco sobre se estão ou não cumprindo suas metas estratégicas ou a Missão organizacional.

A MiF permite medir e expor resultados tangíveis e intangíveis e computar melhor o relacionamento crítico entre comportamentos, sistemas, relacionamentos e mentalidades. Isso, por sua vez, possibilita que você faça melhores narrativas sobre o impacto exclusivo que sua organização está causando por meio das maneiras como está tocando vidas e transformando o mundo. Com frequência, as organizações estão tendo influência mais positiva no mundo do que imaginam ou são capazes de contar. Uma das coisas que os líderes organizacionais frequentemente relatam de que mais gostam no *framework* **Metaimpacto** é que essa ferramenta facilita que vejam as várias maneiras pelas quais sua empresa está causando impressão e, assim, eles podem fazer narrativas mais poderosas. Isso é bom para os acionistas e os *stakeholders*.

O *framework* **Metaimpacto** usa quatro formas distintas para avaliar o impacto exclusivo de uma organização. Algumas organizações se destacam em ter um **Claro Impacto** e **Alto Impacto**, enquanto outras focam em ter um **Amplo Impacto** e **Alto Impacto** etc. Além disso, já vi isso ocorrer muitas vezes nas quais a Missão declarada de uma organização é ter **Profundo Impacto**, entretanto todas as suas métricas estão medindo realmente apenas o **Claro Impacto**. Portanto, ao entender cada tipo de impacto, você pode ter certeza de que sua organização está tendo o impacto que você deseja que ocorra. Vamos dar uma olhada nesses impactos.

Claro Impacto

Uma das formas mais comuns é o **Claro Impacto**, que mede a mudança no desempenho dos *stakeholders* (ou seja: seus comportamentos e corpos). Muitas empresas e organizações incluem várias métricas para avaliar essa área de impacto (por exemplo: avaliações de habilidades, análises, ferramentas de observação e diversos *KPIs*). O que todas têm em comum é o foco em critérios objetivos para rastrear o comportamento e o desempenho. O **Claro Impacto** é medido por Indicadores-Chave de Desempenho, que rastreiam como o corpo e comportamento são transformados.

Alto Impacto

Outra forma importante é o **Alto Impacto**, que mensura a mudança nos sistemas (por exemplo: cadeias de suprimento, fluxo de caixa, engajamento do cliente) e ambientes dos *stakeholders*. Muitas empresas e organizações incluem várias métricas para avaliar essa área de impacto (por exemplo: avaliações do impacto ambiental, avaliações do impacto financeiro, indicadores de insumos e vários *KPIs*). O que todas têm em comum é o foco em critérios interobjetivos ou sistêmicos para acompanhar a dinâmica organizacional e do mercado. O **Alto Impacto** é calculado por Indicadores-Chave de Produção, que rastreiam como os ambientes e os sistemas se transformam.

Amplo Impacto

Na última década, tornou-se bem comum as organizações incluírem o **Amplo Impacto**, que aponta as mudanças nos relacionamentos e na cultura dos *stakeholders*. Com formas de análise de rede e mapeamento social, surgiram várias métricas para avaliar essa área de impacto (por exemplo, avaliações 360°, mapeamento de relacionamentos, entrevistas e avaliações de impacto social). O que todas têm em comum é o foco em critérios intersubjetivos para rastrear a qualidade e a quantidade dos relacionamentos e sua influência. O **Amplo Impacto** é aferido por Indicadores-Chave de Participação, que rastreiam como os relacionamentos e a cultura se transformam.

Profundo Impacto

Indiscutivelmente, uma das formas mais importantes é o **Profundo Impacto**, que verifica a mudança na experiência dos *stakeholders* (ou seja: como seu coração e sua mente são transformados). Há um senso crescente entre muitas empresas e organizações de que essa forma de impacto precisa ser incluída. Várias métricas são usadas para avaliar essa área de impacto (por exemplo: autoavaliações, psicometria, pesquisas de satisfação e levantamentos ou pesquisas de felicidade). O que todas têm em comum é o foco em critérios subjetivos para rastrear dimensões de experiências somáticas, emocionais e psicológicas. O **Profundo Impacto** é quantificado por Indicadores-Chave de Percepção, que rastreiam como a mente e o coração se transformam.

Esses quatro tipos de impactos se combinam para criar um modelo abrangente. Cada tipo é medido por dois ou três tipos de capital. O **Claro Impacto** é medido por meio do Capital de Saúde e do Capital Humano. O **Alto Impacto** é mensurado pelo Capital Manufaturado, do Capital Financeiro e do Capital Natural. O **Amplo Impacto** é analisado por intermédio do Capital Cultural e do Capital Social. E, por último, o **Profundo Impacto** é quantificado pelo Capital de Conhecimento, pelo Capital Psicológico e pelo Capital Espiritual.

Vamos dar agora uma olhada mais detalhada nos 10 capitais.

OS 10 CAPITAIS

Nesta seção, apresento um resumo de alto nível dos 10 capitais. Cada um deles merece um capítulo completo ou, talvez, até mesmo um livro inteiro. Na verdade, já há obras sobre cada um dos 10 capitais (consulte as referências na bibliografia). Portanto, o objetivo aqui é fornecer ao leitor apenas uma introdução sobre o tema. Forneço uma definição para cada capital, seguida de uma breve descrição histórica.

Em seguida, apresento a Metamoeda, ou valor primário que define o capital, e vários exemplos de micromoedas associadas a ele. Depois disso, abordo as formas de Primeira Pessoa (1P), Segunda Pessoa (2P) e Terceira Pessoa (3P) para medir cada capital e fazê-lo crescer.

Cada resumo dos capitais tem o objetivo de oferecer uma lista de exemplos ilustrativos para ajudá-lo a começar a pensar sobre maneiras criativas de medir e fazer crescer todos os capitais. Esses exemplos não têm a pretensão de ser completos e, em muitos casos, o que está listado em um capital pode constar em outros. Da mesma forma, alguns itens elencados em 1P também podem ser usados em 2P, e assim por diante. A esperança é que esta seção desperte no leitor o poder do pensamento e da análise Multicapital. É importante lembrar os seguintes pontos ao trabalhar com os capitais:

- Nem todos os 10 tipos de capital precisam ser utilizados (às vezes, é muito importante estar ciente do que você não está incluindo).
- Todos os 10 tipos de capital têm formas de medição qualitativas e quantitativas (ou seja: métodos de Primeira Pessoa, Segunda Pessoa e Terceira Pessoa).
- Todos possuem aspectos formais e informais de medição, que podem ser empregados para rastrear e medir cada tipo.

Portanto, vamos dar uma olhada agora mais detalhadamente em cada um dos 10 capitais. Depois de apresentá-los, darei dois exemplos rápidos para ilustrar ainda mais como eles podem ser usados em conjunto.

"O princípio da maximização dos lucros, frequentemente isolado de outras considerações, reflete um mal-entendido do próprio conceito de economia."

- Papa Francisco, Encíclica Papal Laudato Si'

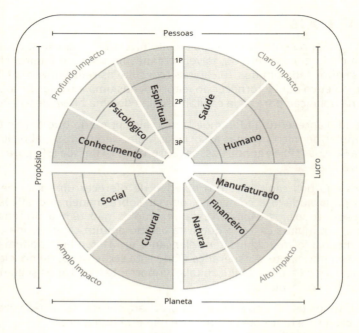

Fig. 26. O Framework Metaimpacto®.

1. Capital Cultural

Definição: Os processos internos e externos de significado compartilhado formam uma comunidade, ou seja, há coerência da comunidade.

Associado frequentemente à obra de Pierre Bourdieu (1930-2002). A noção de capital cultural foi desenvolvida nas décadas de 1960 e 1970. Ela explora como as práticas individuais e coletivas tornam-se incorporadas (em pessoas) e entranhadas (em relacionamentos e sistemas) e são reproduzidas ao longo do tempo para manter ou avançar o poder, o status social e a coesão cultural. Por exemplo, o conceito de habitus lida com as maneiras pelas quais normas socializadas orientam nosso comportamento e pensamento.

Metamoeda: Coerência da comunidade.

Micromoedas: Linguagem, Artes, Diversidade étnica, Herança cultural, Cosmovisões. Tradições, Valores compartilhados, *Habitus*, Gostos, Boas Maneiras, Graus de escolaridade, Classe social, Marcas de produtos.

Métricas do Capital Cultural

1P - Subjetivas: Autorrelatos, Questionários, Avaliações de valor, Fenomenologia social, Escalas.

2p - intersubjetivas: Entrevistas, Análise etnográfica, Análise linguística, Avaliações de cosmovisão, Pesquisas.

3p - objetivas: Análise histórica, Pesquisas, Escalas de preferência cultural, Análise de observação, Nível de escolaridade.

Práticas de crescimento do Capital Cultural

1P - Subjetivas: Biografia, Exposição à diversidade, Consciência da linguagem, Assumir perspectivas, Expressão criativa.

2P - Intersubjetivas: Festivais e mostras de arte, Atividades comunitárias, Celebração da diversidade, Rituais e Contagem de histórias, Diálogo inter-religioso.

3P - Objetivas: Preservar tradições, Mostras de herança cultural, Coordenar perspectivas, Projetos de engajamento da comunidade.

2. Capital Financeiro

Definição: Qualquer recurso econômico medido em termos de dinheiro, usado para fabricar produtos e fornecer serviços, ou seja, dinheiro.

A noção de Capital Financeiro tem uma longa história, remontando pelo menos aos anos 1500, com o conceito de dinheiro recuando à Antiguidade. O capitalismo comercial surgiu na Idade Média com a introdução do crédito e do financiamento. A palavra "capital" era originalmente associada a gado ou a bens móveis. Atualmente, o surgimento da criptomoeda está mudando a cara do dinheiro e do capital financeiro de formas importantes.

Metamoeda: Dinheiro.

Micromoedas: Dívida, Patrimônio líquido, Dinheiro em caixa, Poupança, Empréstimos, Crédito, Concessões, Ações, Lucro.

Métricas do Capital Financeiro

1P - Subjetivas: Autorrelatos, Questionários, fenomenologia, auto-observações, autoquestionamento.

2P - Intersubjetivas: Horas de *Sweat Equity*, ou seja, investimento não monetário, Satisfação do acionista, Avaliações de transparência, Pagamentos no prazo, Estatísticas de oportunidades iguais.

3P - Objetivas: Análise de ROI, Relatórios contábeis, Declarações de L&P, Relatórios de impacto financeiro, Liquidez.

Práticas de crescimento do Capital Financeiro

1P - Subjetivas: Trabalho de Sombra, Biografia do dinheiro, Análise do modelo mental, Diário financeiro, Criar conscientização sobre o dinheiro.

2P - Intersubjetivas: Fornecer investimento não monetário (*Sweat Equity*), Discussão de dinâmica de $-poder, Co-orçamento, Cultivar relacionamentos com investidores.

3P - Objetivas: Investimento, Poupança, Aquisição, Venda de bens e serviços, Modelagem financeira.

3. Capital de Saúde

Definição: A expressão total de saúde física e bem-estar de uma pessoa, ou seja, bem-estar físico.

Surgiu na década de 1960, na Suécia e nos Estados Unidos, o movimento de saúde ocupacional. Em 1970, foi aprovada uma lei de saúde e segurança ocupacional. Em seguida, Michael Grossman lançou o campo, publicando um artigo que havia redigido em 1972. Na década de 1980, as empresas começaram a ver uma correlação entre colaboradores saudáveis, produtividade e resultados financeiros. Na década de 2000, Johnson e Johnson fizeram um estudo de seis anos que validou a importância do Capital da Saúde e, em seguida, na década de 2010, houve uma explosão de materiais sobre o assunto.

Metamoeda: Bem-estar físico.

Micromoedas: Pressão arterial, Índice de Massa Corporal (IMC), Colesterol, Sono, Exercícios físicos, Níveis de energia, Segurança, Produtividade, Engajamento do colaborador.

Métricas do Capital de Saúde

1P - Subjetivas: Autorrelatos, Pesquisas, Indicadores de bem-estar, Questionários, Testes de estresse físico, Satisfação no trabalho.

2P - Intersubjetivas: Estilo de interação, histórico e padrões familiares, Ancestralidade e genética, Dados demográficos e estatísticos, Auditoria de saúde, Engajamento do colaborador.

3P - Objetivas: Número de licenças médicas, Ferramentas de observação, Avaliações de energia, Indicadores de produtividade, Análises e *KPIs*, *Scorecards* de saúde.

Práticas de crescimento do Capital de Saúde

1P - Subjetivas: Exercícios de respiração, Alimentação consciente, Movimento somático, Cinesiologia (teste muscular), Equilíbrio entre vida e trabalho.

2P - Intersubjetivas: Exercício em grupo, Desenvolver relacionamentos clínicos, Responsabilidade dos pares, Grupos de pares seletivos, Programas de bem-estar, Orientador de saúde e bem-estar, Desafios de equipe.

3P - Objetivas: Dieta e exercícios, *Check-ups* regulares, Qualidade de sono adequada, Ergonomia e Design, *Biohacking* e Autoconhecimento quantificado, Lanches saudáveis disponíveis, Recursos do Capital de Saúde.

4. Capital Humano

Definição: A experiência total, *know-how* e capacidade para realizar conjuntos de habilidades específicas de pessoas, ou seja, habilidades e capacidade.

Com raízes que remontam ao século 18 com o trabalho *A Riqueza das Nações*, de Adam Smith (1778), a expressão "Capital Humano" foi usada pela primeira vez em 1928 pelo economista Arthur Cecil Pigou (1877-1959), da Universidade de Cambridge. A teoria moderna do Capital Humano é frequentemente atribuída ao trabalho de Gary Becker (1930-2014) e Thomas Schultz como parte da Escola de Economia de Chicago, na década de 1960. Ela tende a enfatizar o papel da mão de obra qualificada/treinada como valiosa para a produção de bens e serviços.

Expandimos essa ênfase para incluir sua contribuição para o bem-estar pessoal, social e organizacional.

Metamoeda: Habilidades e capacidade.

Micromoedas: Conjuntos de habilidades específicas, Conhecimento técnico, talento, competências, Conhecimento tácito e implícito, Produtividade e eficácia, Pontualidade, salários/remuneração, Promoções e Prêmios.

Métricas do Capital Humano

1P - Subjetivas: Autoavaliações, Nível de confiança, Avaliações da experiência, Questionários e Testes, Conhecimento incorporado.

2P - Intersubjetivas: Avaliações de equipe, Estatísticas de treinamento cruzado, Análise de função e de talento, Análises de oportunidades iguais.

3P – Objetivas: Desenvolvimento de talentos, *KPIs*, Análises de habilidades, Taxas de rotatividade, Análises de desempenho, Retenção de talentos.

Práticas de crescimento do Capital Humano

1P - Subjetivas: Educação, Aprendizagem pela prática, Prática de habilidades, Leitura, Aplicação.

2P - Intersubjetivas: Treinamentos internos, desenvolvimento de talentos, Acompanhamento (*Shadowing*), Resolução de problemas em grupo, Treinamento cruzado.

3P - Objetivas: Treinamento, Prática, Ensino, Documentação, Formação de hábitos.

5. Capital de Conhecimento

Definição: A quantidade de informações, conhecimentos, compreensão e sabedoria encontrada nas pessoas e como esse capital é transformado em algo útil para outras pessoas, ou seja, compreensão.

Também chamado de "Capital Intelectual" ou "Gestão do Conhecimento". Essa forma de capital surgiu na década de 1980 como ativos intangíveis (a partir de novas tecnologias da informação, da informação digital e da internet) e criou diferenças entre o valor contábil e o valor de mercado. Esse tipo de capital historicamente tem servido como um "recipiente" para vários capitais não financeiros (por exemplo: social, humano). Nossa abordagem enfatiza o conhecimento na mente de um indivíduo e aquele em uma organização.

Metamoeda: Compreensão.

Micromoedas: *Creative Commons* (organização sem fins lucrativos que permite o compartilhamento e uso da criatividade e do conhecimento por meio de instrumentos jurídicos gratuitos), Propriedade intelectual, Materiais de treinamento, artigos e livros, Direitos e licenças, Direitos autorais e patentes, Modelos mentais, Estruturas, protocolos e procedimentos, Metodologias, Técnicas.

Métricas do Capital de Conhecimento

1P - Subjetivas: Questionários e testes, Autorrelatos, Demonstrações, Certificações.

2P - Intersubjetivas: Horas de participação, Avaliações de transferência de conhecimentos, Demonstrações em equipe, Seguir protocolos e procedimentos, Métodos de *scorecards*.

3P - Objetivas: Número de patentes, Mapas mentais, gráficos e diagramas, Inovação, Quantidade de materiais publicados, Métodos de correlação financeira.

Práticas de crescimento do Capital de Conhecimento

1P - Subjetivas: Fazer cursos, Leitura, Criação de mapas e diagramas, Redação, Educação, Ensino.

2P - Intersubjetivas: Atividades *Design Charrettes*[25], Aprendizagem na prática (por exemplo, simulações), Ensino e mentoria, Estudo e pesquisa, Treinamento em grupo e Atividades em equipe.

3P - Objetivas: Investimento em P&D, Institucionalização do conhecimento, Criação de PI, Documentar boas práticas e práticas futuras, Recursos do Capital de Conhecimento.

6. Capital de Manufatura

Definição: A expressão total de ativos e infraestrutura de uma organização, ou seja, infraestrutura e estoques.

O Capital de Manufatura em conjunto com o Capital Financeiro são tipicamente incluídos nos relatórios financeiros e sua medição é bem estabelecida. Esse capital tem sido parte fundamental da ciência econômica desde a Revolução Industrial. Portanto, é uma das formas mais antigas de capital reconhecidas. A ecologia industrial e o capitalismo natural surgiram em resposta à destruição ecológica do Capital de Manufatura. Por causa de seu *status* onipresente, ele é frequentemente denominado como capital físico, material, de infraestrutura, organizacional, circulante, estrutural ou de processo.

Metamoeda: Infraestrutura.

Micromoedas: Equipamentos, Ferramentas, Propriedades, Edifícios, Máquinas, Suprimentos, Estoques, Mobiliário, Tecnologia, *Software*.

Métricas do Capital de Manufatura

1P - Subjetivas: Autorrelatos, Análise de uso, Relatórios de conformidade, Questionários, Incidentes de segurança.

2P - Intersubjetivas: Análise 360°, Conformidade, Satisfação do cliente, Programação eficaz, Índices de devolução de produtos.

3P - Objetivas: Taxas de depreciação, Avaliações da cadeia de suprimentos, Relatórios de estoques, Prontidão industrial, Custos de fabricação.

Práticas de crescimento do Capital de Manufatura

1P - Subjetivas: Tomar notas, Avaliações de riscos, Cultivar metacognição, Pensamento sistêmico, Melhorar a experiência do cliente.

2P - Intersubjetivas: Responsabilidade da equipe, Engajamento dos *stakeholders*, Construção de infraestrutura, Engajar a base de clientes, Parcerias da cadeia de suprimentos.

3P - Objetivas: Produção e inovação, Manutenção, Compra de equipamentos, Melhorar a eficiência, Mapeamento de processos de negócio.

---

25. A palavra *charrette* pode se referir a qualquer sessão colaborativa na qual um grupo de designers esboça uma solução para um problema de design.

7. Capital Natural

Definição: Os estoques de recursos naturais ou ativos ambientais que fornecem um fluxo de bens ou serviços úteis, agora e no futuro, ou seja, recursos naturais.

A noção do Capital Natural pode ser rastreada desde o início dos anos 1970, quando o movimento ambientalista da década de 1960 começou a ter influência nos negócios e na economia. Usualmente é mais associado ao trabalho de Paul Hawken *et al.*, do fim dos anos 1990. A noção de relatório social corporativo (RSC), que inclui impactos ambientais, foi desenvolvida desde 1960 e agora é parte importante dos esforços de impacto social.

Metamoeda: Recursos naturais.

Micromoedas: Ar puro, Água limpa, Solo limpo, Biodiversidade, Cenários, Recreação, Aterros, Serviços de ecossistemas, Ciclos naturais.

Métricas do Capital Natural

1P - Subjetivas: Autorrelatos, Questionários, Análise de ecoidentidade, Avaliações ecopsicológicas.

2P - Intersubjetivas: Análise multiuso, Avaliações de valores ecológicos, Relatórios de ecojustiça, Engajamento dos *stakeholders*.

3P - Objetivas: Pegada ecológica, Emissões de carbono, Relatórios de resíduos, Avaliações de impacto ambiental.

Práticas de crescimento do Capital Natural

1P - Subjetivas: Educação, Aprendizagem prática, Prática de habilidades, Leitura, Práticas de conscientização ecológica.

2P - Intersubjetivas: Educação ambiental, Diálogo sobre tópicos ecológicos, Programas de reciclagem e de reutilização, Campanhas de conscientização ambiental.

3P - Objetivas: Educação ambiental, Promulgar leis ambientais, Incentivar comportamentos ecológicos, Reduzir o consumo de recursos.

8. Capital Psicológico

Definição: A capacidade das pessoas de pensar, refletir e ter acesso a recursos psicológicos internos, ou seja, bem-estar psicológico.

Na década de 1980, Ed Diener foi o pioneiro na medição do Bem-estar Subjetivo (SWB). No fim dos anos 1990, Martin Seligman criou o campo da Psicologia Positiva que, em seguida, se tornou a base da pesquisa de Fred Luthans em contextos organizacionais e no desenvolvimento do Capital Psicológico Positivo (*PsyCap*). Nossa abordagem se baseia e vai além dessa base.

Metamoeda: Bem-estar psicológico.

Micromoedas: Autoconscientização, Inteligência emocional, Resiliência, Esperança, Confiança, Bem-estar subjetivo, Felicidade, Motivação.

Métricas do Capital Psicológico

1P - Subjetivas: Obras de arte, Autorrelatos, Movimento consciente, Pesquisas, Autoetnografia crítica.

2P - Intersubjetivas: Entrevistas, Avaliações 360°, Grupos focais, Questionários, Tendências culturais.

3P - Objetivas: Psicometria, Avaliações de QE, Localizadores de força, Testes de personalidade, Avaliação HERO.

Práticas de crescimento do Capital Psicológico

1P - Subjetivas: Registro diário, Autorreflexão, Questionamento, meditação e oração, Autoexpressão/Criatividade, Afirmações e gratidão.

2P - Intersubjetivas: Terapia e *coaching*, Desenvolvimento de QE, Busca de perspectiva, Comunicação não violenta, Cultivo de relacionamentos, Participação comunitária.

3P - Objetivas: Auto-observação, Solicitar *feedback*, Fazer novas mudanças, Expandir modelos mentais, Dieta e exercícios, Estudar e aprender.

9. Capital Social

Definição: A gama e variedade das conexões sociais com outras pessoas, ou seja, relacionamentos valiosos.

O Capital Social tem raízes que remontam ao fim dos anos 1800 e foi associado ao surgimento de conexões sociais dentro de sociedades democráticas. Começou a ser definido e desenvolvido formalmente a partir dos anos 1970 — especialmente após o trabalho de Pierre Bourdieu. Na década de 1990, tornou-se bastante popular com o trabalho *Bowling Alone*, de Robert Putnam, e sua adoção pelo Banco Mundial. Atualmente, em nosso mundo altamente interconectado à mídia social, é frequentemente usado em sentido coloquial.

Metamoeda: Relacionamentos valiosos.

Micromoedas: Influência, Conexões, Redes, Alcance, Marca, Confiança, Associação a grupos, Ação compartilhada, Reputação.

Métricas do Capital Social

1P - Subjetivas: Autorrelatos, Questionários, Avaliação de reputação, Esfera de influência, Entrevistas.

2P - Intersubjetivas: Avaliações 360°, Avaliações de confiança, Mapeamento de relacionamentos, Normas de reciprocidade, Análise de mídia social.

3P - Objetivas: Análise de rede, Licenças para operar, Estatísticas de mídia social, Avaliações do impacto social, Clima de consentimento.

Práticas de crescimento do Capital Social

1P - Subjetivas: Autoconsciência, Ser congruente, compartilhamento com outros, Ser honesto e confiável, Simpatia.

2P - Intersubjetivas: Colaboração, Relacionamento em redes, Reciprocidade, Parcerias estratégicas, Busca de perspectiva.

3P - Objetivas: Desenvolvimento de marca, Estratégia de mídia social, Conceder premiação e reconhecimento, Engajamento do cliente, Participação em mídia social.

10. Capital Espiritual

Definição: A capacidade das pessoas e do coletivo de buscar, encontrar e acessar fontes de significado e propósito existencial, ou seja, um significado maior.

Essa forma de capital surgiu no início dos anos 2000. Surpreendentemente, há uma grande quantidade de livros e artigos sobre o assunto. Esse capital também é denominado "Capital Religioso, Capital Moral, Inteligência Espiritual (SQ), Inteligência Filosófica e Inteligência Existencial". Conforme consta nos vários nomes listados, não há uma definição clara e bem estabelecida na literatura. Ele é apresentado tanto em um contexto religioso explícito (por exemplo, cristão ou budista), bem como de forma secular.

Metamoeda: Significado extremo.

Micromoedas: Presença, Atividade de atenção plena, Concentração, Karma, Compaixão, Metaconsciência, Intuição, Desenvolver conscientização, Senso de sagrado, Trabalho significativo.

Métricas do Capital Espiritual

1P - Subjetivas: Autorrelatos, Avaliações SQ, Indicadores de felicidade, Referências fenomenológicas, vários levantamentos e escalas.

2P - Intersubjetivas: Avaliações de motivação, Alinhamento de Visão e Missão, Avaliações de mentor e de colegas, Questionários de valores básicos, Pesquisas, Questionários.

3P - Objetivas: Padrão de referência em tradições, Capacidade de treinamento de estado, Esclarecimento de Visão/Missão, Avaliações psicológicas, Coerência de coração, Análise de ondas cerebrais.

Práticas de crescimento do Capital Espiritual

1P - Subjetivas: Silêncio, Autoquestionamento e registro diário, Concentração, Trabalho de respiração, Meditação e oração, Leitura, Buscas de visão.

2P - Intersubjetivas: Retiros de equipe, *Workshops* sobre Missão e Visão, Silêncio de grupo em reuniões, Trabalho de atendimento e caridade, Cultivar visão compartilhada, Discussões filosóficas.

3P - Objetivas: Prática espiritual frequente, Essencialismo, Atender as pessoas, Desconectar (digitalmente), Estados mentais de *biohacking*, Cultivar ações compartilhadas, *biofeedback* (termo empregado quando é preciso saber se uma ação teve o efeito necessário).

Exemplos dos 10 Capitais, tirado de um programa de liderança da IBM

Vamos apresentar agora dois exemplos rápidos para ilustrar o valor dos 10 Capitais. O primeiro é uma análise retrospectiva de um programa de liderança que conduzimos na IBM do Brasil. Usamos um *design* integral e ele foi bem-sucedido. Fiquei curioso para ver quais dos 10 Capitais foram utilizados no programa. Para minha satisfação, pelo menos oito dos 10 estavam presentes, conforme veremos na sequência. Isso destaca que, mesmo quando você não está projetando intencionalmente com os 10 Capitais, eles geralmente estão presentes, especialmente se estiver empregando uma Abordagem Integral.

Capital de Conhecimento: estávamos treinando os participantes para navegar por complexidade e os expusemos a várias abordagens de liderança (por exemplo, pensamento de projeto, desenvolvimento vertical).

Capital Psicológico: usamos medições pré e pós das oito capacidades de liderança.

Capital Espiritual: ajudamos cada pessoa a ter mais clareza sobre seus dons e objetivos individuais e, como resultado, apoiamos a correta definição de empregos.

Capital de Saúde: trabalhamos com colaborador para criar um plano de desenvolvimento individual, que incluiu aspectos como dieta e exercícios.

Capital Humano: fornecemos aos participantes treinamento em uma série de ferramentas e técnicas diferentes que eles poderiam usar em seus trabalhos.

Capital de Manufatura: esse não foi um capital envolvido, porque não estávamos trabalhando com equipamentos ou estoques.

Capital Financeiro: o programa foi iniciado para criar a próxima geração de líderes dentro da empresa e, como tal, representou um investimento de longo prazo.

Capital Natural: esse foi o segundo capital a não ser utilizado, pois não tivemos nenhum vínculo com sustentabilidade nem realizamos sessões sobre ambientes naturais.

Capital Social: ajudamos os participantes a desenvolver conexões entre si e com o outro grupo.

Capital Cultural: levamos os participantes a uma jornada de aprendizagem cultural e visitamos um bairro extremamente pobre, onde aprendemos sobre as inovações que ali ocorrem.

Como se pode ver, nosso programa de liderança projetado integralmente para a IBM envolveu facilmente oito dos 10 Capitais. Agora, gostaria de dar mais um exemplo detalhado que envolve um desafio de saúde na Austrália.

Um exemplo dos 10 Capitais de um sistema de saúde no sul da Austrália

Este exemplo é o resultado de vários anos de trabalho de Tania Lehmann no local, uma de nossas associadas da MetaIntegral, sediada perto da cidade de Adeline, na Austrália.

A Allied Health Professionals emprega 500 profissionais na Austrália do Sul (fisioterapeutas, terapeutas ocupacionais, dietistas, assistentes sociais, fonoaudiólogos, podólogos). Em 2009, eles tinham altas taxas de vacância (20% de dietistas, mais de 50% de fisioterapeutas e podólogos). Eles fizeram de duas a quatro chamadas de publicidade em um esforço para preencher as vagas (problema de atração). Houve uma rotatividade muito elevada; 50% de rotatividade a cada três anos (problema de retenção). Muitos dos colaboradores eram bem jovens e compunham uma força de trabalho inexperiente; mais de 55% haviam se formado a menos de três anos. E eles estavam sofrendo graus elevados de esgotamento dos colaboradores.

Para entender as diversas facetas que contribuíram para esse conjunto de problemas, Tania usou os 10 Capitais para ver quais seriam úteis. Foi descoberto que todos os 10 ajudaram a destacar diferentes aspectos da situação.

Capital Espiritual: os colaboradores estavam se sentindo desvalorizados e incompreendidos e não tinham um escopo de trabalho claro (portanto, um Propósito não muito claro).

Capital Psicológico: os colaboradores estavam sofrendo de esgotamento e falta de suporte para o desenvolvimento profissional.

Capital de Conhecimento: os colaboradores apresentavam baixa autoestima para atender ao amplo escopo de prática esperado e havia notáveis lacunas de conhecimentos e habilidades.

Capital Social: os colaboradores se sentiam isolados profissional e pessoalmente, longe do apoio de familiares e de amigos.

Capital Cultural: os colaboradores revelaram estar culturalmente deslocados, trabalhando em ambientes rurais, em oposição às paisagens urbanas às quais estavam mais acostumados, em decorrência da necessidade de se ajustar a um estilo de vida e ambiente não familiares.

Capital da Saúde: todos estavam acometidos de estresse ocupacional e manifestaram preocupações com a segurança. Além isso, muitos estavam em licença médica ou se demitiram (rotatividade).

Capital Humano: os colaboradores ocupavam posições que tinham um escopo clínico de funções mais amplo do que suas habilidades e capacidades suportavam.

Capital de Manufatura: a demanda por serviços era superior à capacidade dos colaboradores.

Capital Financeiro: o custo de viagens regulares para visitar a família e os custos de treinamento e de suporte eram muito elevados.

Capital Natural: os colaboradores estavam localizados em ambientes geograficamente isolados que continham riscos de segurança em viagens (por exemplo, atropelar cangurus na estrada).

Como se pode ver, o uso dos 10 Capitais para analisar o baixo desempenho permite ver vários padrões que neles surgem e, portanto, suporta uma resposta dos 10 Capitais. Como resultado, Tania e sua equipe implementaram uma série de intervenções que foram bem-sucedidas no tratamento dos problemas. Um resumo do que eles fizeram:

Capital Espiritual: uma rede de profissões foi estabelecida em todo o país e houve um esclarecimento sobre o escopo e o Propósito da função.

Capital Psicológico: criaram uma transição para o Programa de Prática Profissional Rural e Remota.

Capital de Conhecimento: foi estabelecido um programa de desenvolvimento profissional em todo o país que deu melhor apoio a uma estratégia de treinamento e desenvolvimento por profissão. E mais: foram criadas parcerias com universidades com realocações dos alunos.

Capital Social: redes profissionais foram engajadas em todo o país, um encontro anual presencial foi organizado e foi criado um programa de orientação/indução com foco em conectá-los às atividades esportivas locais e à comunidade.

Capital Cultural: eles fortaleceram as redes locais de pares, a vida social e criaram um programa para jovens profissionais.

Capital da Saúde: forneceram supervisão e acompanhamento clínico (avaliação de resultados, apoio profissional) e estabeleceram uma política para trabalhador isolado.

Capital Humano: criaram uma estrutura de governança clínica e liderança e um meio de progressão na carreira.

Capital de Manufatura: desenvolveram uma estrutura de acesso e priorização a serviços em todo o país.

Capital Financeiro: foram alocados fundos para apoiar o desenvolvimento profissional anual.

Capital Natural: foram implementadas políticas e processos para trabalhadores isolados.

Como essas intervenções destacam, é possível trabalhar sistematicamente nos 10 Capitais, com muitas intervenções funcionando em nome de dois ou mais deles. Dedicar um tempo para entender o problema de forma holística de todos os 10 Capitais ajuda a responder o problema de forma integral, assegurando que todos os quatro tipos de impacto ocorram. Isso se tornou evidente nos três a cinco anos subsequentes, quando Tania e sua equipe foram capazes de observar e documentar os seguintes resultados para as múltiplas intervenções descritas.

Claro Impacto

- As taxas de vacância foram reduzidas a menos de 5% em toda a organização Allied Health Professionals.
- Houve aumento no número de inscrições recebidas para vagas abertas.
- A maioria dos cargos vagos foi preenchida na primeira publicação de anúncio.
- Diminuição do *turnover*, ou seja, a rotatividade dos colaboradores da empresa.
- Houve aumento de 20% nas funções de Nível 2, criadas 53 funções de Nível 3, criada uma função de Nível 4 por profissão.
- O tempo médio de permanência aumentou quase 12 meses.

Profundo Impacto

- A equipe relatou níveis elevados de satisfação no trabalho, orgulho, clareza das funções, níveis mais elevados de otimismo.
- Ocorreu maior número de apresentações feitas em conferências estaduais e nacionais (apresentando um bom trabalho, *networking*).

Amplo Impacto

- Formaram sólidas redes de contato profissionais (*networking*) em todo o país, compartilhamento de recursos, padronização de práticas, forte senso de identidade profissional coletiva e alta conectividade.

Alto Impacto

- Registrou-se maior volume de serviços prestados.
- Houve redução nos custos de recrutamento e nos custos de agência substituta.

Como se pode ver, os resultados obtidos foram impressionantes! Isso destaca que, se você fizer uma análise de 10 Capitais seguida por uma intervenção deles, terá a garantia de obter todos os quatro tipos de impacto. Vamos, então, analisar brevemente os três tipos de dados e os quatro resultados financeiros.

OS TRÊS TIPOS DE DADOS

Conforme observado anteriormente, há três tipos de dados para cada um dos 10 Capitais: dados de Primeira Pessoa (1P), dados de Segunda Pessoa (2P) e dados de Terceira Pessoa (3P). Juntos, eles formam os Dados Integrais. Quando todos eles estiverem presentes, teremos uma abordagem integradora de métodos mistos que combina métricas qualitativas e quantitativas para avaliar, rastrear e aumentar cada tipo de capital. Na seção sobre os 10 Capitais, apresentamos as métricas 1P, 2P e 3P e elas podem ser usadas tanto para medir como para aumentar cada capital. Agora, examinaremos detalhadamente esses três tipos de dados.

Dados de Primeira Pessoa (1P)

Métodos subjetivos, como práticas de autorrelato e autoconscientização. São usados para estudar qualitativamente como as pessoas sentem, pensam e vivenciam o mundo. Empregados frequentemente por psicólogos, praticantes de terapia somática, poetas, artistas, orientadores de meditação e filósofos. Essa é a noção de beleza defendida pelo filósofo e matemático grego Platão; a reivindicação de validade de Veracidade, do sociólogo alemão Habermas; e o domínio do Eu, de Wilber.

Dados de Segunda Pessoa (2P)

Métodos intersubjetivos, como grupos de foco e entrevistas. Estes são usados para estudar qualitativamente como as pessoas se relacionam e se comunicam entre si. Usados frequentemente por Sociólogos, Pesquisadores de campo, Historiadores, Linguistas, Profissionais de *marketing* e Antropólogos. Esta é a noção do Bem, de Platão, a reivindicação de validade de Verdade, de Habermas, sobre Justiça e o domínio da Cultura, de Wilber.

Dados de Terceira Pessoa (3P)

Métodos objetivos, como observação e análise estatística. São úteis para estudar quantitativamente como as pessoas e os sistemas se comportam e funcionam. Usados frequentemente por behavioristas, médicos, cientistas, economistas, ambientalistas e engenheiros. Esta é a noção da Verdade, de Platão; a reivindicação de validade da Verdade, de Habermas; e o domínio da Natureza, de Wilber.

OS QUATRO RESULTADOS FINANCEIROS

Os 10 Capitais e suas formas de medição combinam-se em quatro resultados financeiros. Isso inclui o resultado financeiro triplo comum de Lucro, Pessoas e Planeta, mas também adiciona um quarto — Propósito. Embora quatro modelos de resultados financeiros tenham sido propostos — alguns dos quais até incluem o Propósito como o quarto —, nossa abordagem em ter quatro resultados financeiros é distinta em pelo menos duas maneiras.

Em primeiro lugar, os resultados financeiros comuns de Lucro, Pessoas e Planeta são frequentemente definidos exclusivamente em termos do que chamaríamos de **Alto Impacto** — com foco nos sistemas envolvidos. Em contraste, redefinimos cada um desses resultados financeiros de forma mais holística e integradora — com base no trabalho importante de usos anteriores, mas evitando uma abordagem redutora para eles.

Em segundo lugar, colocamos os quatro resultados financeiros em nosso modelo de quatro quadrantes de modo que destaquem os relacionamentos específicos entre os resultados. Por exemplo, cada resultado financeiro compartilha duas ou três formas de capital como parte de sua constituição. Isso permite uma importante integração entre os quatro resultados financeiros.

O Resultado Financeiro de Pessoas

Esse resultado financeiro se concentra nas dimensões interiores e exteriores das pessoas. Ele inclui cinco capitais: Capital de Conhecimento, Capital Psicológico e Capital Espiritual para os aspectos interiores das pessoas (associados ao **Profundo Impacto**) e Capital da Saúde e Capital Humano para os aspectos exteriores das pessoas (relacionados ao **Claro Impacto**). Todos eles capturam as várias formas do valor associadas ao apoio às pessoas em sua múltipla dimensionalidade plena: sua vida interior rica, seu bem-estar físico e suas habilidades e comportamentos.

O Resultado Financeiro de Lucro

Esse é o mais comum. Em nosso modelo, ele foca as dimensões exteriores das pessoas e dos sistemas sociais e naturais. Inclui cinco capitais: Capital da Saúde e Capital Humano para os aspectos exteriores das pessoas (associados a **Claro Impacto**) e Capital de Manufatura, Capital Financeiro e Capital Natural para os aspectos exteriores dos sistemas (relativos ao **Alto Impacto**). Eles capturam as várias formas de valor mais comumente ligadas a colaboradores e empresas. Entretanto, ao adicionar o bem-estar físico e o ambiente natural, expandimos a visão típica de Lucro para uma mais holística, mas com foco ainda no exterior.

O Resultado Financeiro do Planeta

Refere-se às dimensões interiores e exteriores do planeta. Abrange cinco capitais: Capital de Manufatura, Capital Financeiro e Capital Natural para os aspectos exteriores dos sistemas sociais e naturais (associados ao **Alto Impacto**) e Capital Cultural e Capital Social para os aspectos interiores dos sistemas sociais e naturais (ligados ao **Amplo Impacto**). Eles capturam as várias formas de valor vinculadas ao apoio ao planeta e à humanidade, como um todo: o uso de recursos e as dimensões relacionais.

O Resultado Financeiro de Propósito

É direcionado às dimensões interiores de Pessoas e do Planeta. Inclui cinco capitais: Capital Cultural e Capital Social para os aspectos interiores dos sistemas sociais e naturais (associados ao **Impacto Amplo**) e Capital de Conhecimento, Capital Psicológico e Capital Espiritual para os aspectos interiores das pessoas (relativos ao **Profundo Impacto**). Todos eles capturam as várias formas de valor relacionadas a pessoas e coletivos, cultivando o Propósito.

CONCLUSÃO

Neste capítulo, apresentamos um breve resumo do *framework* **Metaimpacto** e seus quatro elementos de Impacto, Capitais, Dados e Resultados Financeiros. Fornecemos exemplos curtos, porém ilustrativos, para inspirar seus próprios usos criativos dessa estrutura no contexto do **Metamodelo Integral de Gestão**. Incluímos um anexo com oito perguntas de pesquisa que usamos como parte de uma avaliação organizacional inicial. Sinta-se à vontade para reinventar isso para atender às suas próprias necessidades. Sempre incentivamos as pessoas que usam a Estrutura a não se preocuparem tanto em estar usando-a corretamente ou colocando as coisas nos "lugares" certos. O mais importante é utilizar essa estrutura (e o **Metamodelo Integral de Gestão**) para pensar de forma integrada, empregando esses mapas e modelos para ver mais da realidade e incorpore mais dela em seus projetos, intervenções e análises integrais.

Sean Esbjörn-Hargens

Líder global na aplicação do pensamento integrativo ao desenvolvimento de líderes, design organizacional e design de métodos mistos. Em 2011, ele fundou a MetaIntegral, uma rede de impacto social que apoia a mudança de líderes em todo o mundo na aplicação de princípios integrativos. A paixão de Sean está na interseção de design, teoria integral e corporificação. Ele publicou e editou vários artigos, capítulos e livros. Seu livro mais recente é Metatheory for the Twenty-first Century.

ANEXOS DO CAPÍTULO METAIMPACTO E METACAPITAIS

EXEMPLO DE PESQUISA METAIMPACTO PARA ORGANIZAÇÕES

Nome:_____

Email:_____

Nome do Projeto: _____

Nome da empresa: _____

1. Descreva resumidamente a Missão/Visão de seu projeto:

QUATRO IMPACTOS

2. Que tipo de impacto você deseja ter? Descreva resumidamente (por exemplo: de uma a três frases) o impacto pretendido do projeto nos quatro domínios:

- Como seu projeto está tendo Claro Impacto – Transformando o comportamento das pessoas e/ou seus corpos físicos?
- Como seu projeto está tendo Alto Impacto – Transformando sistemas sociais e/ou ambientes naturais?
- Como seu projeto está tendo Amplo Impacto – Transformando as relações das pessoas entre si e/ou suas culturas)?
- Como seu projeto está tendo Profundo Impacto – Transformando o coração das pessoas (de que maneira elas se sentem) e/ou sua mente (como pensam)?

3. Agora indique quais tipos de impacto (*veja as descrições*) são mais importantes para seu projeto, ordenando-os de cima para baixo:

- **Claro Impacto** – Transformando o comportamento das pessoas e/ou seu corpo físico?
- **Alto Impacto** – Transformando sistemas sociais e/ou ambientes naturais?
- **Amplo Impacto** – Transformando o relacionamento das pessoas entre si e/ou suas culturas)?
- **Profundo Impacto** – Transformando o coração das pessoas (como e sentem) e/ou sua mente (como pensam)?

10 CAPITAIS

Observe que o termo Capital também pode ser visto como um sinônimo de Valor.

4. Para o máximo de 10 Capitais, se puder, forneça exemplos breves de como ele é exibido ou é relevante em seu projeto (se não conseguir pensar em algo, pule para o próximo).

- **Capital da Saúde** (bem-estar físico): a expressão total da saúde física e bem-estar de uma pessoa:
- **Capital Humano** (habilidades e capacidades): a experiência total, *know-how* e capacidade de realizar conjuntos de habilidades específicas de pessoas.
- **Capital de Manufatura** (infraestrutura e estoques): a expressão total dos ativos e da infraestrutura de uma organização.
- **Capital Financeiro** (dinheiro): qualquer recurso econômico medido em termos monetários, usado para fabricar produtos e fornecer serviços.
- **Capital Natural** (recursos naturais): os estoques de recursos naturais ou ativos ambientais que fornecem um fluxo de bens ou serviços úteis, agora e no futuro.
- **Capital Cultural** (coerência da comunidade): os processos internos e externos de significado compartilhado, que forma uma comunidade.
- **Capital Social** (relacionamentos valiosos e confiança): a gama e variedade de conexões sociais com outras pessoas.
- **Capital de Conhecimento** (compreensão): a quantidade de informação, conhecimento, compreensão e sabedoria encontrada nas pessoas e como isso é transformado em algo útil para outros.
- **Capital Psicológico** (bem-estar psicológico e emocional): a capacidade das pessoas de pensar, refletir e ter acesso a recursos psicológicos internos.
- **Capital Espiritual** (significado extremo): a capacidade de pessoas e coletivos de buscar, encontrar e acessar fontes de significado e Propósito existenciais.

5. Qual dos 10 Capitais você está medindo ou monitorando atualmente em seu projeto/organização (selecione todos os que se aplicam)?
- [ ] Capital de Saúde (bem-estar físico):
- [ ] Capital Humano (habilidades e capacidade):
- [ ] Capital de Manufatura (infraestrutura e estoques):
- [ ] Capital Financeiro (dinheiro):
- [ ] Capital Natural (recursos naturais):
- [ ] Capital Cultural (coerência da comunidade):
- [ ] Capital Social (relacionamentos valiosos e confiança):
- [ ] Capital de Conhecimento (compreensão):
- [ ] Capital Psicológico (bem-estar psicológico e emocional):
- [ ] Capital Espiritual (significado extremo):

6. Qual dos 10 Capitais (que você não selecionou) gostaria de medir ou rastrear em seu projeto/organização (selecione todas as opções aplicáveis)?
- [ ] Capital de Saúde (bem-estar físico):
- [ ] Capital Humano (habilidades e capacidade):
- [ ] Capital de Manufatura (infraestrutura e estoques):
- [ ] Capital Financeiro (dinheiro):
- [ ] Capital Natural (recursos naturais):
- [ ] Capital Cultural (coerência da comunidade):
- [ ] Capital Social (relacionamentos valiosos e confiança):
- [ ] Capital de Conhecimento (compreensão):
- [ ] Capital Psicológico (bem-estar psicológico e emocional):
- [ ] Capital Espiritual (significado extremo):

QUATRO IMPACTOS E OS 10 CAPITAIS

7. Vamos explorar os tipos de impacto que são relevantes para seu projeto.

Em uma escala de 1 a 5, indique a importância dos capitais em Claro Impacto para a próxima fase de seu projeto.
- [ ] Capital de Saúde (bem-estar físico)
- [ ] Capital Humano (habilidades e capacidade)

Em uma escala de 1 a 5, indique a importância dos capitais em Alto Impacto para a próxima fase de seu projeto.
- [ ] Capital de Manufatura (infraestrutura e estoques)
- [ ] Capital Financeiro (dinheiro)
- [ ] Capital Natural (recursos naturais)

Em uma escala de 1 a 5, indique a importância dos capitais em Amplo Impacto para a próxima fase de seu projeto.
- [ ] Capital Cultural (coerência da comunidade)
- [ ] Capital Social (relacionamentos valiosos e confiança)

Em uma escala de 1 a 5, indique a importância dos capitais em Profundo Impacto para a próxima fase de seu projeto.
- [ ] Capital de Conhecimento (compreensão)
- [ ] Capital Psicológico (bem-estar psicológico e emocional)
- [ ] Capital Espiritual (significado extremo)

TORNAR O VALOR VISÍVEL

8. Agora selecione pelo menos um capital de cada tipo de impacto que pareça o mais importante para a próxima fase de seu projeto. Para aqueles que você selecionar, use a caixa de texto para descrever como você vai rastrear, medir e torná-los visíveis durante a próxima fase de seu projeto.

Claro Impacto
- [ ] Capital de Saúde
- [ ] Capital Humano

Alto Impacto
- [ ] Capital de Manufatura
- [ ] Capital Financeiro
- [ ] Capital Natural

Amplo Impacto
- [ ] Capital Cultural
- [ ] Capital Social

Profundo Impacto
- [ ] Capital de Conhecimento
- [ ] Capital Psicológico
- [ ] Capital Espiritual

REFERÊNCIAS

Capital de Saúde

KARASEK, Robert, and Tores Theorell. *Healthy Work: Stress, Productivity, and the Reconstruction of Working Life*. Basic Books, 2010.

Institute of Medicine. *Vital Signs: Core Metrics for Health and Health Care Progress*. Washington, DC. The National Academies Press, 2015.

O'DONNELL, Michael P. *Health Promotion in the Workplace*. Createspace, 2017.

PUTNAM, Laura. *Workplace Wellness That Works: 10 Steps to Infuse Well-Being and Vitality into Any Organization*. 2015.

STRINGER, Leigh. *The Healthy Workplace: How to Improve the Well-Being of Your Employees — and Boost Your Company's Bottom Line*. AMACOM, American Management Association, 2016.

Capital Humano

BECKER, Gary S. *Human Capital: A Theoretical and Empirical Analysis with Special Reference to Education (3rd Ed.)* University of Chicago Press, 1994.

BURTON-JONES, Alan, and J.-C Spender. *The Oxford Handbook of Human Capital*. Oxford University Press, 2013.

FITZENZFitz-enz, Jac. *The ROI of Human Capital: Measuring the Economic Value of Employee Performance*. AMACON, 2009.

PEASE, Gene, et al. *Human Capital Analytics: How to Harness the Potential of Your Organization's Greatest Asset*. Wiley, 2013.

Capital de Manufatura

GRAEDEL, Thomas E., & Braden R. Allenby. *Industrial Ecology (2nd Ed.)*. Prentice Hall, 2002.

Hawken, Paul, Amory Lovins, & L. Hunter Lovins. *Natural Capitalism*. Little Brown and Co, 1999.

SMITH, Bernie. *Essential Manufacturing KPIs: 52 Full KPI Definitions Included*, Amazon Press 2018.

PORRITT, Jonathon. *Capitalism as If the World Matters*. Routledge, 2016.

Capital Financeiro

BOLDIZZONI, F. *Means and Ends: The Idea of Capital in the West*, 1500-1970, New York: Palgrave Macmillan, 2008.

EMERSON, Jed. *The Purpose of Capital: Elements of Impact, Financial Flows, and Natural Being*. Blended Value Group, 2018.

PIKETTY, Thomas. *Capital in the Twenty First Century*. Harvard University Press, 2014.

SMITH, Bernie. *Essential Financial KPIs: 23 Full KPI Definitions Included*, Amazon Press 2018.

Capital Natural

HAWKEN, Paul. *The Ecology of Commerce: A Declaration of Sustainability*. Harper Business, 2010.

HAWKEN, Paul, et al. *Natural Capitalism Creating the next Industrial Revolution*. Little, Brown and Company, 1999.

HELM, Dieter. *Natural Capital: Valuing the Planet*. Paperback Yale University Press, 2015.

MAXWELL, Dorothy. *Valuing Natural Capital: Future Proofing Business and Finance*. Do Sustainability, 2015.

Capital Cultural

BALIBREA, Mari Paz. *The Global Cultural Capital: Addressing the Citizen and Producing the City in Barcelona*. Palgrave Macmillian, 2017.

BOURDIEU, Pierre. *The State Nobility: Elite Schools in the Field of Power*. Stanford University Press, 1998.

BOURDIEU, Pierre and Jean Claude Passerson. *Reproduction in Education, Society and Culture*. SAGE Press, 1990.

FARKAS, George. *Human Capital or Cultural Capital? Ethnicity and Poverty Groups in na Urban School District*. Aldine Transaction Press, 1996.

GUILLORY, John. *Cultural Capital: The Problem of Literary Canon Formation*. University of Chicago Press, 1995.

FOWLER, Bridget. *Pierre Bourdieu and Cultural Theory*. SAGE, 1997.

HEWISON, Robert. *Cultural Capital: The Rise and Fall of Creative Britain*, Verso 2014.

JOHNSON, Louise. *Cultural Capitals: Revaluating the Arts, Remaking Urban Spaces*. Routledge, 2016.

LASTER, Margaret R. & Chelsea Bruner (Eds.) *New York: Art and Cultural Capital of the Gilded Age*. Routledge, 2018.

SCHOENER, Allon. *Harlem on my Mind: Cultural Capital of Black America 1900 – 1978*. Bantam Doubleday Dell, 1979.

SWARTZ, David. *Culture and Power: The Sociology of Pierre Bourdieu*. University of Chicago Press, 1998.

Capital Social

BURT, Ronald S., et al. *Social Capital: Theory and Research*. Aldine De Gruyter, 2001.

DASGUPTA, Partha, and Ismail Serageldin. *Social Capital: A Multifaceted Perspective*. World Bank, 2000.

FIELD, John. *Social Capital: Key Concepts*. (3rd Ed.) Routledge, 2016.

HALPERN, David. *Social Capital*. Polity Press, 2007.

LIN, Nan. *Social Capital: A Theory of Social Structure and Action*. Cambridge University Press, 2011.

Putnam, Robert D. *Bowling Alone: The Collapse and Revival of American Community*. Simon & Schuster, 2007.

LI, Yaojun. *Handbook of Research Methods and Applications in Social Capital*. Edward Elgar Pub, 2015.

Capital de Conhecimento

EDVINSSON, Leif, and Michael Malone. *Intellectual Capital: Realizing Your Company's True Value by Finding Its Hidden Brainpower*. Maxima, 1999.

HISLOP, Donald, et al. *Knowledge Management in Organizations: a Critical Introduction*. Oxford University Press, 2018.

STEWART, Thomas A. *Intellectual Capital: The New Wealth of Organizations*. Brealey, 1999.

STEWART, Thomas A. *The Wealth of Knowledge: Intellectual Capital and the Twenty-First Century Organization*. Currency, 2003.

Capital Psicológico

DIENNER, Ed. *Assessing Well-Being: The Collected Works of Ed Diener*. Springer, 2009.

EID, Michael, and Randy J. Larsen. *The Science of Subjective Well-Being*. Guilford Press, 2008.

LUCAS, Richard E., et al. *Well-Being for Public Policy*. Oxford University Press, 2009.

LUTHANS, Fred, et al. *Psychological Capital and Beyond*. Oxford University Press, 2015.

Capital Espiritual

ADJIBOLOSOO, Senyo B-S. K. *Spiritual Capital its Meaning and Essence*. WestBow Press, 2013.

RIMA, Samuel D. *Spiritual Capital: A Moral Core for Social and Economic Justice*. Routledge, 2017.

WIGGLESWORTH, Cindy. *SQ21: The Twenty-One Skills of Spiritual Intelligence*. Select Books Inc, 2014.

ZOHAR, Danah. *Spiritual Capital: Wealth We Can Live By*. Readhowyouwant.com Ltd, 2011.

Métodos Mistos e Pesquisa

BAZELEY, Pat. *Integrating Analyses in Mixed Methods Research*. Sage, 2018.

CHILISA, Bagele. *Indigenous Research Methodologies*. SAGE, 2017.

CREAMER, Elizabeth G. *An Introduction to Fully Integrated Mixed Methods Research*. Sage, 2018.

HAMMOND, Michael, and Jerry J. Wellington. *Research Methods: The Key Concepts*. NY, 2013.

HUBBARD, Douglas W. *How to Measure Anything: Finding the Value of "Intangibles" in Business*. Wiley, 2014.

LITTELL, Julia H., et al. *Systematic Reviews and Meta-Analysis*. Oxford University Press, 2008.

MARR, Bernard. *Key Performance Indicators: The 75 Measures Every Manager Needs to Know*. Pearson Education, 2012.

SCOTT, John, et al. *Objectivity and Subjectivity in Social Research*. Sage Publications, 2012.

Relatórios Integrados

BUSCO, Cristiano. *Integrated Reporting: Concepts and Cases That Redefine Corporate Accountability*. Springer International Publishing, 2013.

ECCLES, Robert G., and Michael P. Krzus. *One Report: Integrated Reporting for a Sustainable Strategy*. Wiley, 2010.

ECCLES, Robert G., et al. *The Integrated Reporting Movement: Meaning, Momentum, Motives, and Materiality*. Wiley, 2015.

KATSIKAS, Epameinondas, et al. *Towards Integrated Reporting: Accounting Change in the Public Sector*. Springer International Publishing, 2017.

MIO, Chiara. *Integrated Reporting: A New Accounting Disclosure*. Palgrave Macmillan, 2016.

Economia/Capitalismo

RAWORTH, Kate. *Doughnut Economics: 7 Ways to Think Like a 21st Economist*. Chelsea Green Publishing, 2017.

HASKEL, Jonathan, & Stian Westlake. *Capitalism without Capital: The Rise of the Intangible Economy*. Princeton University Press, 2018.

TIROLE, Jean. *Economics for the Common Good*. Princeton University Press, 2017.

Multicapitalismo

GLEESON-WHITE, Jane. *Six Capitals: The Revolution Capitalism Has to Have — or Can Accountants Save the Planet?* Allen & Unwin, 2014.

PORRITT, Jonathon. *Capitalism as if the World Matters*. Routledge, 2016.

THOMAS, Martin P., and Mark W. McElroy. *The Multicapital Scorecard: Rethinking Organizational Performance*. Chelsea Green Publishing, 2016.

WOOD, Robin. *A Leader's Guide to ThriveAbility: A Multi-Capital Operating System for a Regenerative Inclusive Economy: A Guide for Executives, Investors, Change Agents, Policymakers and Future Generations*. AuthorHouse, 2015.

*"Eu adormeci e sonhei que a vida era alegria;
despertei e vi que a vida era serviço;
eu servi e vi que o serviço era alegria."*

- Rabindranath Tagore

CAPÍTULO 5: VIVÊNCIAS

Alguns relatos sobre aplicações práticas do Metamodelo

Com base em tudo o que vimos nos capítulos anteriores, apresentamos a seguir alguns exemplos emblemáticos da aplicação prática do **Metamodelo Integral de Gestão**, nos quais tivemos a honra e o orgulho de participar nestes mais de 30 anos de vivência profissional, tanto como executivo contratado nas referidas empresas quanto como consultor externo. Nesse caminho, precisamos ressaltar que, coerentemente com o que relatamos neste livro, todos os exemplos a seguir são experiências que aconteceram em um contexto determinado, envolvendo pessoas e épocas específicas, e que, assim como em todo modelo que procura seguir padrões de alta complexidade, as ações implementadas foram as mais adequadas a um dado momento, mas nem todas se mantêm ativas no presente. Muitas das empresas citadas mudaram de gestão ao longo do tempo ou de modelo de negócios ou, ainda, de direção estratégica.

Nesse sentido, os exemplos estão muito mais relacionados às minhas experiências pessoais sobre como implementar o **Metamodelo Integral de Gestão** na época do que necessariamente à descrição de "*cases* acadêmicos fechados" nos quais as "soluções" foram implantadas e vigoram como referências exemplares de expressão no nosso modelo. Afinal, uma das características dos modelos que trabalham com sistemas complexos é que se demora muito tempo para construir suas implicações concretas de forma perene. Além disso, eventualmente, quando uma empresa passa por uma forte crise antes da incorporação dos aprendizados promovidos por nossa atuação, por exemplo, é muito fácil esse sistema colapsar e termos um desmonte dos elementos até então estruturados para fazer o sistema inteiro ampliar seu nível de consciência. Isso leva a organização, muitas vezes, a retornar ao ponto de partida do nosso trabalho. Novamente, é importante reforçar que as vivências relatadas a seguir representam a minha visão pessoal sobre elas e que não têm a pretensão de ser uma análise aprofundada ou trazer qualquer juízo de valor sobre os momentos vividos pelas empresas citadas. Esperamos que aproveitem a experiência.

NATURA COSMÉTICOS

O primeiro exemplo é a história que tivemos com a Natura Cosméticos na década de 2010. Trata-se de uma indústria de cosméticos brasileira, a quarta maior do mundo depois da aquisição da Avon, da *The Body Shop* e da australiana Aesop, com mais de 50 anos de vida. A empresa se manteve coerente com sua atitude de busca e conexão com o que existe de melhor na contemporaneidade ao longo de sua história. Ela sempre procurou construir valor com uma orientação filosófica que começa com seu fundador, Antônio Luiz Seabra, em 1969. Um dos principais desafios que vivemos com a empresa foi no período entre 2008 e 2013, quando eu era vice-presidente de Desenvolvimento Organizacional, Pessoas e Sustentabilidade da empresa e liderei os processos de mudança durante o momento em que se fez necessário desenhar e implementar um novo sistema de gestão na organização sem que ela perdesse sua conexão filosófica original.

Esse foi um dos processos mais complexos em que atuamos e, ao mesmo tempo, um dos mais gratificantes. Para fazer valer um novo modelo de gestão integrado com o Propósito e os princípios aspiracionais da Natura (que, na empresa, são chamados de "*Nossa Essência*", um elaborado e muito inspirado conjunto de conceitos e propostas conhecidos como Razão de Ser, Visão e Crenças), era preciso fazer com que os colaboradores da empresa procurassem alinhar seus propósitos de vida pessoais com o organizacional. A partir do momento que a Natura ampliou seu quadro de colaboradores para cerca de 6 mil diretos e mais de 1 milhão de consultoras e revendedoras na época e ganhou territórios em praticamente toda a América Latina e França em relativamente pouco tempo (ela quadruplicou seu tamanho em apenas 10 anos), mostrou-se essencial buscar uma integração maior entre as novas pessoas e culturas com a referida Essência organizacional e os novos processos de gestão que desenhamos.

Para tanto, elaboramos o que foi chamado "Processo de Engajamento Natura". Projeto de altíssima complexidade e, ao mesmo tempo, profundidade que tinha por objetivo promover a reflexão de todos os colaboradores da empresa a partir de suas histórias de vida, levantamento de valores individuais e visão de futuro para identificação do Propósito de Vida de cada um e verificar como se dava o alinhamento desse Propósito individual com os Valores e Propósitos organizacionais. Iniciamos essa proposta desafiadora pelo processo de atração da empresa, ou seja, pela forma como a Natura selecionava e contratava seus integrantes. Nessa dimensão, destacamos com especial carinho o **Programa de Atração de Trainees** de 2010, chamado "Programa Próximos Líderes: a gente quer se apaixonar por você". Essa ação foi reconhecida por sua abordagem original na qual o nome da Natura não era revelado e apenas um vídeo, postado nas redes digitais e nos espaços frequentados por universitários, mostrava os valores da organização e perguntava se os jovens se identificavam com eles. As inscrições eram feitas por meio de um endereço de *e-mail* genérico. Depois disso, o nome da Natura era finalmente revelado em um vídeo no qual eu parabenizava os candidatos e os convidava para uma série de *workshops* e dinâmicas, o segundo passo na seleção. Nesses seminários, procuramos candidatos que revelassem preocupação e postura proativas em relação à sustentabilidade, vontade contínua e insaciável de aprender e capacidade de estabelecer relações de qualidade com os outros e com o modelo de negócios da companhia. Dessa forma, critérios, ferramentas e pré-requisitos tradicionalmente utilizados em processos de seleção, como formação acadêmica, experiências anteriores e idiomas, ficaram em segundo plano.

Além desse memorável projeto de atração de novos talentos, internamente, convidamos seus mais de 600 líderes, desde o presidente até os gerentes, e, posteriormente, todos os outros colaboradores, desde os coordenadores até os operários da fábrica, a passar pelo **Processo de Engajamento Natura**. Foi uma experiência muito profunda, na qual os colaboradores foram convidados a participar, primeiramente, de um *workshop* de dois dias inteiros (com cerca de 20 pessoas em cada grupo) focado no resgate da história de vida de cada um e, a partir desde olhar para trás, entender como foram desenvolvidos seus valores pessoais e crenças alavancadoras e limitantes. Também eram analisadas questões atuais dos participantes, como definição de papéis e identificação de sua importância no cotidiano e no momento de carreira, para, assim, a partir dessa base, levantar o Propósito de vida pessoal dos indivíduos. Em um terceiro dia, ocorria o *workshop* relativo à organização. Nele eram apresentados a história da Natura, desde o nascimento de seu primeiro fundador, Luiz Seabra, até os dias atuais, e como a "*Nossa Essência*", com os Valores e a Missão da Natura, tinha se desenvolvido, o que ela significava para a organização, além dos contextos do Propósito e as estratégias organizacionais naquele momento específico em que a empresa buscava se tornar multimarca e multicanal. Depois de um tempo, por meio de uma nova série de atividades individuais e em grupo, muitas vezes com apoio de consultores externos, as pessoas eram convidadas a refletir sobre o alinhamento do Propósito de cada uma com da Natura. O convite era para que os indivíduos entendessem em que momento se encontravam dentro do ciclo de atividades e compromissos pessoais e de seu contrato psicológico com a empresa e definissem se gostariam de continuar ou renovar o ciclo ou mesmo seguir novos caminhos profissionais por meio de uma renegociação com seu gestor.

Os resultados foram extremamente positivos. Para começar, a área de gestão de pessoas passou a contar com mais de 600 contratos individuais, o que se tornou uma rica matéria-prima para a criação de programas de desenvolvimento customizados, muito mais eficazes do que os massificados que existem no mercado. Outro ponto importante conquistado pelo processo de engajamento foi o impulso forte de energia e de conexão obtido pelos colaboradores com a empresa após essa experiência. Para todos que passaram pelo processo e optaram por renovar de forma mais consciente seu vínculo com a Natura, a vivência permitiu uma atitude muito mais presente e produtiva no dia a dia corporativo e pessoal, além do entendimento e da aliança com um propósito maior e comum entre indivíduo e organização, construído para o bem de todos e do planeta. Nesse caminho, alguns colaboradores decidiram deixar a empresa (e receberam, também, apoio material para calçar sua decisão) ou mudar de área a fim de estarem mais próximos de um percurso que levasse à integração entre os dois propósitos (pessoal e organizacional).

Entre os aprendizados deixados por essa experiência está o fato de que os novos gestores que entraram ou foram promovidos na Natura nos anos seguintes ao processo de engajamento original também passaram por uma vivência similar. Algum tempo depois de minha saída da vice-presidência da organização em 2013, o processo foi suspenso, mas, recentemente, em 2019, foi retomado por um dos líderes que vivenciou o projeto na época e que assumiu a cadeira de vice-presidência de pessoas. Ou seja, aprendemos que, mesmo com ampla adesão e favorabilidade dos colaboradores com um novo processo que apresente um centro de gravidade em níveis mais complexos de consciência, esse processo pode colapsar, ser suspenso com a saída de pessoas-chave e, mesmo assim, ser recuperado no futuro por meio dos próprios indivíduos do sistema que foram tocados pela experiência. Porém, sabemos que, mesmo atualmente, poucas são as empresas capazes de sustentar uma experiência corajosa e profunda como essa. Por outro lado, identificamos que muitos dos gestores que participaram do **Processo de Engajamento da Natura** se encontram em posições de liderança em relevantes organizações pelo mundo e que, de alguma forma, levam consigo esse importante processo de reflexão individual e sua respectiva conexão com o contrato psicológico estabelecido em outros espaços e com as pessoas sob sua gestão.

GRUPO FLEURY

O Grupo Fleury teve seu início em 1926, fundado por Gastão Fleury da Silveira, médico paulistano formado pela Faculdade de Medicina da Universidade de São Paulo, como um pequeno laboratório de análises clínicas na capital paulista. Foi pioneiro na implantação de sistemas digitais em seus processos e a utilizar a internet para apresentação de resultados de exames. Abriu o capital em 2009 e hoje possui mais de 200 unidades de atendimento em mais de oito estados brasileiros por meio de suas diferentes marcas (*Fleury Medicina e Saúde, a+ Medicina Diagnóstica, Laboratório Weinmann, Labs a+, Clínica Felippe Mattoso, Diagnoson a+, Weinmann Serdil, Instituto de Radiologia, Campana, Cedire, Centro de Patologia Clínica, Diagmax, LAFE, Inlab, Papaiz* e *SantéCorp*).

Os pilares e princípios do Fleury sempre foram associados à paixão de servir e gostar dos pacientes e à orientação de seus serviços pela medicina baseada em evidências. Tanto que sua Essência, que tem por título a palavra "paixão", se traduz da seguinte maneira:

"Somos, desde o início, movidos pela paixão pela medicina e por uma permanente inquietação que nos faz pulsar pelo melhor em todas as dimensões.

Sabemos que quem ama aquilo que faz entrega o melhor de si. Por isso, nossa essência tem como alicerce a paixão, sobretudo pelas nossas pessoas. São elas as nossas protagonistas de ontem, de hoje e do futuro. Afinal, elas são as geradoras do nosso sucesso, que tem como maior simbolismo a satisfação dos nossos clientes, que são atendidos de forma acolhedora e com genuíno desejo de bem querer.

Fazemos o melhor porque somos apaixonados pelo que fazemos".

A organização produziu resultados extraordinários, em especial, entre os anos de 2006 e 2012, o que permitiu que, nesse percurso, fossem realizadas várias aquisições de outros laboratórios e a abertura do capital pela companhia. Em meio a esse intenso processo de crescimento, o Fleury se tornou exemplo de como atualizar sua identidade, mesmo diante de um mercado que o pressionava a ter foco no gerenciamento e na lucratividade de suas unidades. Como vimos nos capítulos anteriores, sabemos que a identidade organizacional se constrói com princípios perenes e de incertezas críticas que vêm do olhar para o futuro. O Fleury surgiu ao mesmo tempo em que a medicina se estruturava definitivamente como uma ciência baseada em método, evidências e comprovações, isto é, ele acompanhou a evolução, o *Zeitgeist*, ou seja, o clima intelectual e cultural da civilização industrial ocidental, que trouxe esse fundamental ramo de atividade humana para os patamares que vivemos hoje. Porém, é exatamente por causa dessa evolução contínua e exponencial de conhecimento sobre a saúde humana que atualmente os procedimentos da Medicina se voltam para uma atuação muito mais personalizada, concentrada nas especificidades de cada organismo, de cada indivíduo. Essa revolução, que possivelmente levará a um desenvolvimento ainda maior da Medicina Personalizada, da Medicina Genética e da Biotecnologia, entre outras inovações na área de saúde, fará com que os atendimentos aos pacientes sejam totalmente diferentes do que são feitos hoje.

Ao retomar uma reflexão sobre suas incertezas críticas, o Fleury retornou aos seus fundamentos por meio de um aprofundado diagnóstico sobre sua cultura organizacional que envolveu o resgate da história e da Essência dos Princípios Perenes da organização. Depois, foram realizados vários encontros com as principais lideranças da empresa por meio de *workshops*, conduzidos por especialistas que atuavam nas fronteiras do conhecimento científico, a fim de levantar e apresentar os mais recentes avanços e descobertas da Medicina, projetando o futuro *Zeitgeist* e os cenários possíveis para a organização e levantando perguntas para as quais ainda não tínhamos respostas. A combinação do resgate dos princípios perenes com o levantamento das incertezas críticas levou à retomada do Propósito da empresa ("***Prover soluções cada vez mais completas e integradas para a gestão da saúde e o bem-estar das pessoas, com excelência, humanidade e sustentabilidade***") no dia a dia de seus colaboradores e em seus processos de planejamento. Além disso, e da mais importante relevância, toda essa experiência fez o Fleury redesenhar sua estratégia com base em seus fundamentos, o que trouxe de volta o foco na qualidade dos serviços e do atendimento, levando à forte valorização de sua marca e ao retorno à rentabilidade.

Essa vivência tem o grande valor também de ter sido a primeira vez que empregamos essa metodologia, que, mais tarde, veio a ser uma das principais de nossa consultoria, a Chie, para definição de identidade e estratégia empresariais. Hoje, já pudemos levar esse olhar para a construção da identidade organizacional e da estratégia de diversas outras empresas com resultados positivos muito semelhantes.

EILEEN FISHER

EILEEN FISHER

Eileen Fisher é uma *designer* de roupas estadunidense, fundada em 1984 a empresa de vestuário feminino que leva seu nome. Os desenhos de Fisher são caracterizados pela simplicidade, e sua empresa é conhecida por usar pessoas em seus anúncios com aparência fora dos padrões da indústria da moda, incluindo seus próprios colaboradores. Ela foi responsável por mudar a forma como as mulheres se vestiam nos Estados Unidos fazendo uma aposta muito mais voltada para a autoconsciência, o conforto e o bem-estar das suas consumidoras e do planeta, por meio de processos mais sustentáveis de produção do que nos padrões preestabelecidos pela indústria, que muitas vezes se traduzem na objetificação da mulher.

A empresa, com faturamento de mais de 300 milhões de dólares em 2015, possui mais de 1.200 funcionários e mais de 56 lojas de varejo em 15 estados daquele país. Em 2011, a empresa expandiu para outros países, abrindo a primeira loja canadense em Vancouver, British Columbia, e depois mais lojas em Londres, Inglaterra, em outubro de 2012. Desde sua formação, a empresa ampliou sua distribuição para mais de 1.000 portas por atacado e 68 lojas de varejo. A empresa de Fisher enfatiza a sustentabilidade, com 70% do algodão usado em suas roupas proveniente de algodão orgânico. Para reduzir o desperdício de tecidos e fibras, a empresa iniciou um programa de reciclagem. Os clientes doam suas roupas Eileen Fisher "*usadas com cuidado*" em troca de um vale-presente de 5 dólares por artigo. Após a lavagem a seco, as peças são revendidas — com subsídios de negócios para mulheres e programas de liderança para jovens empreendedoras[26].

---

26. Wikipedia, the free encyclopedia. Verbete: Eileen Fisher. Disponível em https://en.wikipedia.org/wiki/Eileen_Fisher.

Eileen e eu fomos apresentados pelo professor Otto Scharmer, do MIT Management Sloan School, EUA, durante um curso sobre sua Teoria U, e descobrimos que compartilhávamos da mesma visão sobre o processo de transformação pessoal e suas implicações nas organizações. Ela me convidou para atuar em sua organização durante um processo de mudança que levou quatro anos, durante os quais eu visitava a empresa por cerca de uma semana a cada mês.

A Eileen Fisher é uma empresa composta de 90% de mulheres que havia crescido muito e tinha o desafio de ganhar mais eficiência e desempenho por meio de uma melhor definição de fronteiras e processos, mas, ao mesmo tempo, não queria se burocratizar. Trabalhamos para desenhar e implementar um modelo de gestão mais arredondado, usando princípios holocráticos e sociocráticos por círculos, e na construção de um time de liderança (lá chamado de *FLT – Facilitation Leadership Team*) e de engajamento dos demais gestores (um programa denominado *GET – Grow, Empower & Transform*). A liderança deveria sustentar, em termos de maturidade cognitiva e emocional, a complexidade da nova proposta. A abordagem que utilizamos foi a Aprendizagem Vertical, ou seja, empregamos um processo parecido com o Processo de Engajamento Natura e incluímos atividades voltadas para o desenvolvimento pessoal dos colaboradores. Durante os *workshops*, trabalhamos questões somáticas e emocionais por meio de metodologias voltadas para o reconhecimento da Sombra Pessoal, questões cognitivas, por meio de atividades para identificação de crenças limitantes, questões espirituais, por meio de desenvolvimento de práticas de *mindfulness*, e temas relacionados à melhoria da qualidade das relações internas.

Conduzimos todas essas atividades voltadas para a aprendizagem e o amadurecimento cognitivo e emocional do grupo de liderança e para a disseminação dessas conquistas para todos os demais colaboradores da empresa. Como resultado, revisitamos todos os papéis da liderança da Eilleen Fisher e obtivemos uma grande evolução de todo o sistema organizacional.

FAZENDA DA TOCA

A Fazenda da Toca é uma propriedade de 2.300 hectares, localizada em Itirapina, a 200 quilômetros da capital de São Paulo. Um lugar muito especial que é também um modelo de sustentabilidade para o Brasil e para o mundo. Desde 1971, a família Diniz lá se reúne para lazer e para pensar não só o seu futuro, mas o do Brasil. A propriedade tem uma longa história e já se dedicou a diversas atividades. Ao longo dos anos, teve variadas fases produtivas, com operação de citricultura e pecuária, e chegou a ser um importante centro de jogo de polo no passado. Em 2009, Pedro Paulo Diniz iniciou um novo capítulo: a Fazenda da Toca Orgânicos. Transformou o local em um núcleo de produção de orgânicos em larga escala que hoje mantém quatro grandes operações: ovos orgânicos, sob gestão própria da fazenda, além de leite orgânico, grãos e sistemas agroflorestais (por meio do sistema de parcerias).

Como maior produtora de ovos orgânicos do país, a Toca contribui para dinamizar toda a cadeia produtiva orgânica ao ajudar a capacitar produtores e aumentar a demanda por insumos e grãos orgânicos, como milho e soja, base da agropecuária. A Toca também se consolidou como uma referência nacional em bem-estar animal no segmento de avicultura de postura. Além de sua atividade que considera o respeito máximo pelos animais, pela natureza e por todas as pessoas envolvidas em seu processo produtivo, o empreendimento carrega em seu DNA o propósito de fortalecer o setor de orgânicos como um todo, colaborando para estruturar esse segmento em expansão. Para isso, a Toca se dedica a difundir conhecimento na produção orgânica, capacitando e formando outros produtores[27].

---

27. Website Fazenda da Toca. Disponível em < https://fazendadatoca.com.br/nossa-historia/ >. Acessado em 30 de maio de 2020.

Pedro Paulo Diniz, que, na época da fundação da Fazenda da Toca, já estava focado em sistemas agroflorestais e distribuição de produtos orgânicos, e sua ex-mulher Tatiana Floresti, em educação ecológica, foram morar na fazenda e transformaram o local em um polo de produção de orgânicos de larga escala, tanto que a Toca foi a primeira fazenda certificada como **Empresa B** no mundo ao se consolidar como negócio de impacto positivo. No percurso desse caminho, fomos convidados para auxiliar na construção da identidade e do manifesto da fazenda, mais ou menos como a atuação que tivemos no Fleury, para criar um modelo de negócios que fosse além das questões de sustentabilidade, alcançando formas de regeneração nos sistemas internos e externos à fazenda e gerando impactos positivos nos indivíduos, na sociedade e na natureza. Isto é, buscamos um modelo de gestão que proporcionasse não apenas a sustentabilidade do negócio, mas também impactos de aprimoramento e melhoria em seus aspectos internos e de seu entorno. Era importante que a fazenda não só se tornasse um sistema que respeitasse a natureza e os indivíduos como também causasse transformações positivas neles.

Para construirmos a identidade e o manifesto, realizamos, em cerca de 18 meses, uma série de *workshops* com todos os *stakeholders* do negócio, incluindo os profissionais que atuavam na escola da Fazenda da Toca, para resgatar a história da empresa em busca de seus princípios perenes e para levantar as incertezas críticas a partir do entendimento do *Zeitgeist* atual e em busca de possíveis cenários futuros para questões ambientais, da agricultura, da educação e de outros temas relevantes para a atuação da empresa. Ao mesmo tempo, fizemos várias atividades complementares para o desenvolvimento da liderança da organização. Em seguida, foi redigido o Manifesto da Fazenda da Toca, ou seja, o discurso para expressão do Propósito da organização:

"Somos um Sistema que Nutre.

Consideramos que o grande desafio do mundo contemporâneo é regenerar e nutrir comunidades e sociedades sustentáveis, planejadas de maneira tal que suas atividades não impeçam, mas potencializem a capacidade inerente da natureza de sustentar a vida.

Os grandes desafios que hoje enfrentamos — as mudanças climáticas, a fome e a pobreza endêmica, a violência, o consumismo e as crises econômicas, entre outros — evidenciam que vivemos num mundo complexo, globalmente interconectado, no qual cadeias lineares de causa e efeito não existem.

Para nós é evidente que não há mais lugar para atitudes descompromissadas.

Nós, da Fazenda da Toca, aprendemos e ensinamos com a Natureza e, portanto, estamos comprometidos com a vida.

Constituídos por princípios forjados no tempo, com os pés e mãos na terra, aprendemos a importância das relações e dos vínculos.

Acompanhamos o fluir das águas e com elas aprendemos os segredos da nutrição e da renovação.

Perpassados pelas plantas, aprendemos as questões do tempo: desenvolvemos a sabedoria dos ciclos, dos padrões, dos sistemas, e nos sentimos participantes. Tocados profundamente por aromas, cores, sons, sabores e texturas diversas desenvolvemos o sentido estético.

Admirados, assistimos como as várias nascentes, as cavernas, as matas nativas e toda a diversidade de espécies de animais, vegetais, fungos e bactérias sustentam a vida em sua exuberância. Apreendemos, assim, os sentidos da abundância, da generosidade, da transparência, da perseverança e da resiliência.

É assim que, cientes das profundas conexões que nos mantêm unidos e, norteados por tais princípios, nós semeamos, alimentamos, educamos e cuidamos das relações — das pessoas com as outras pessoas, das pessoas com elas mesmas e das pessoas com o planeta.

Acreditamos na importância da conexão com os elementos que nos mantêm íntegros.

Assim, somos aprendizes, educadores e produtores de alimentos agroecológicos.

Trabalhamos e celebramos a vida, num ciclo que nos retroalimenta, nos sustenta, nos revigora e, principalmente, nos cura.

Existimos para proporcionar esta experiência: **conectar e cocriar iniciativas que regeneram sistemas produzindo valor para a sociedade e para o planeta".**

Os resultados foram muito consistentes e a empresa teve um grande impulso a partir dessas atividades. Foi desenhada a estratégia para os próximos anos e especificados os investimentos. Todas as ações que levantamos como formas potenciais para alavancar o negócio, como lojas próprias e ampliação de portfólio de produtos como iogurtes e sucos, por exemplo, continuam de algum modo em vigor. Sabemos que cada sistema tem seu próprio ritmo e questões internas e, assim como nos outros casos relatados, aprendemos a respeitar suas dinâmicas e reconhecer o tempo de cada um. Muitas vezes os resultados envolvidos em atuações dessa profundidade também não vêm necessariamente da maneira que imaginamos ou gostaríamos, e sim de formas surpreendentes e inesperadas.

SEQUOIA SOLUÇÕES LOGÍSTICAS

Uma experiência muito interessante que tivemos em um processo de integração de culturas após uma aquisição aconteceu quando fomos chamados para acompanhar a fusão da empresa de logística Sequoia (compradora ultrapragmática) e com a Yep Log (empresa adquirida, também da área de logística e distribuição, conhecida por sua atuação mais humanista). Foi a primeira vez que utilizamos a ferramenta *SenseMaker*® no Brasil, sobre a qual falaremos mais adiante. A Sequoia destaca-se por possuir um perfil de busca incessante pelo aprimoramento contínuo de seus serviços de logística e transporte. Constituída pela unificação de marcas consolidadas no mercado, é reconhecida pela capacidade de entregar sempre mais. Desenvolvendo soluções completas e integradas para marcas de destaque, muitas delas líderes em seus segmentos, possui *expertise* sólida e diferenciada em *e-commerce*, educação e moda & varejo, contando com a maior frota "encabidada" do Brasil, ou seja, entregas feitas diretamente nos pontos de venda das maiores redes de varejo de moda do país. Com o conhecimento técnico e a experiência das empresas que contribuíram para sua trajetória de sucesso, a Sequoia unificou todas as suas operações, potencializando ainda mais sua capacidade de suprir o mercado com soluções que fazem a diferença[28].

O principal desafio da empresa era não perder a parte mais humanista da cultura organizacional da Yep ao mesmo tempo que deveria atender às exigências da ampla quantidade de clientes de seu próprio portfólio (a Yep tinha apenas dois clientes fortes e constantes). Ou seja, incorporar os benefícios de uma cultura diferente sem afetar,

---

28. Website Sequoia. Disponível em <http://sequoialog.com.br/quem-somos/>. Acesso em 2 de junho de 2020.

lá na ponta, os ganhos efetivos proporcionados por seus processos já existentes e aprimorados com a maior escala de atendimento. Para tanto, como mencionado, utilizamos a ferramenta *SenseMaker*®:[29] o primeiro método de *crowdsourcing* (uma colaboração massiva que prestam indivíduos que não fazem parte de uma entidade ou instituição) do mundo que leva em conta os julgamentos, as significações e os sentimentos humanos. A voz de todos os colaboradores em ambas as companhias merecia ter sua força, e a ferramenta ofereceu uma abordagem baseada na ciência para orientar o impacto coletivo e alavancar os pontos fortes de cada ser humano, mesmo em tempos incertos para eles. As pessoas experimentam a vida como atores e observadores e, a cada momento, há um novo conhecimento e uma nova percepção pessoais ocorrendo. Se suas experiências acontecem no local de trabalho, em espaços públicos ou simplesmente em atividades sociais, o conhecimento sobre cada momento é sempre profundamente pessoal. Dessa forma, o *SenseMaker*® reconhece que o conhecimento humano é, em alguma medida, sempre parcial e tendencioso. Mas sua capacidade de mapear o campo do conhecimento por meio de um grande número e diversidade de pessoas e perspectivas foi o que deu uma sensação de realidade muito mais profunda e autêntica a seus diagnósticos no processo. Ao apresentar e distribuir o poder da interpretação situacional, o *SenseMaker*® trouxe justiça epistêmica (a partir do conhecimento real de determinado grupo e época) aos colaboradores, consumidores e cidadãos.

Simplificando, o *SenseMaker*® permitiu a captura das experiências mais relevantes das pessoas. Ou seja, com o *SenseMaker*®, somos capazes de ver de forma ampla, identificando os padrões das narrativas de populações grandes e diversas, e concomitantemente obter informações precisas das experiências individuais que as pessoas compartilham em seus contextos.

Com as ferramentas intuitivas de análise visual do *SenseMaker*® (*Fig. 27*), não precisamos possuir um histórico em estatística para explorar e entender os padrões apresentados nos dados de ambas as empresas. Obtivemos as narrativas qualitativas e os dados quantitativos disponíveis simultaneamente, o que nos forneceu os *insights* acionáveis necessários para uma tomada de decisão mais rápida e melhor durante o processo de fusão. A capacidade do *SenseMaker*® de coletar dados continuamente também permitiu que rastreássemos o impacto e a eficácia das decisões e intervenções, para que ajustássemos nossos esforços com o tempo.

Tivemos um resultado excelente no processo de fusão das duas empresas mesmo lidando com conflitos relacionados a uma agenda de aceleração do processo de sinergia entre elas, o que pode ter ocasionado a perda de alguns elementos mais sutis. Mas a utilização do *SenseMaker*® para compreensão das duas culturas e dos possíveis caminhos para sua integração foi muito poderoso.

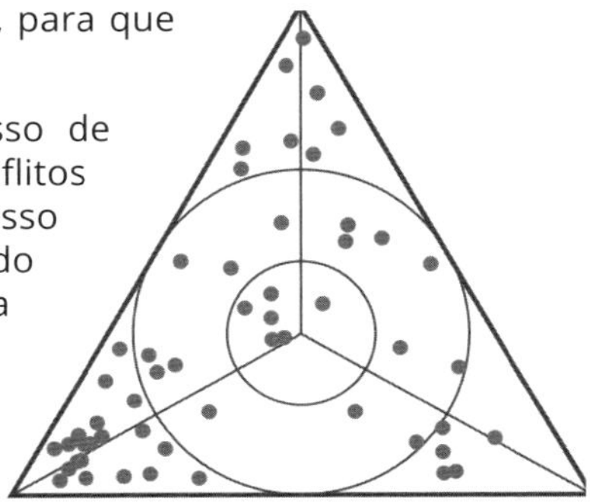

Fig. 27. Ilustração de uma tríade mapeada pelo SenseMaker®.

---

29. Website SenseMaker. Disponível em <https://sensemaker.cognitive-edge.com/what-is-sensemaker/>. Acesso em 31 de maio de 2020.

SMARTBANK E KUNUMI

O Smartbank, financeira digital, e a Kunumi, empresa de tecnologia voltada para inteligência artificial, são companhias que, apesar de atuarem em segmentos diferentes, possuem um perfil muito próximo. Nossa missão em ambas as organizações foi levar Propósito e consciência para as pessoas e os negócios por meio da vivência com os times e os fundadores (indivíduos visionários com inteligência bem acima da média), a fim de elaborar seus manifestos e novas estratégias. Por meio da condução de diversos *workshops* no mesmo modelo que utilizamos no Fleury e em outras empresas, criamos um repertório comum a partir da conscientização das pessoas e da ampliação do nível de consciência das organizações para que tivessem o necessário apoio durante seus processos de construção de identidade, modelo de gestão e formação de equipes. Os dois processos nas duas empresas, até o presente instante, ainda continuam em andamento na Chie.

Como resultado de nossa atuação, entendendo que são duas *startups* que crescem exponencialmente e que passam por transformações muito rápidas, percebemos que era importante deixar muito bem estruturados os princípios perenes, as identidades, as estratégias e os manifestos de cada uma para apoiarem uma evolução sustentável e consciente para ambos os negócios. Os conteúdos desenvolvidos para cada uma delas podem ser vistos nos próximos parágrafos.

O SmartBank, como ele próprio se define, tem a segurança de um banco e a agilidade de uma *fintech* (abreviação para *financial technology*, ou seja, tecnologia financeira). Tem estrutura bancária completa e aprovada pelo Banco Central, além de um DNA tecnológico. Conta com parceiros e acionistas com forte *know-*

how de inovação e do mercado financeiro, como o *The Hive Group*: uma empresa de investimentos especializada na cocriação de *startups* envolvendo tecnologias de inteligência artificial e *big data*, com sede no Vale do Silício e operações no Brasil e na Índia. Além do Grupo Indusval: grupo financeiro com mais de 50 anos de história que possui executivos com grande história e notoriedade no mercado financeiro brasileiro. Seu propósito é potencializar empreendedores com soluções financeiras inclusivas e transformadoras por meio de valores que *"inspiram o nosso jeito de ser Crescer Juntos, Aprendizagem, Transparência, Simplicidade e Atitude de Dono"*[30].

Manifesto SmartBank

"Acreditamos no potencial das pessoas, na sua capacidade empreendedora e que todos podem crescer e evoluir independente de sua história.

Confiamos que o poder de transformar o mundo se dá através de inquietações sobre o status quo, aprendizagem contínua e busca pela excelência e consistência em tudo que fazemos e com todos que cooperamos.

Nossa vocação empreendedora quer produzir e realizar coisas novas, arrojadas e desafiadoras para desenvolver uma nova realidade que transformem positivamente a vida de nossos clientes e parceiros e os ajude a realizar todo seu potencial de forma responsável, sustentável e sempre baseadas em atitudes e relações construtivas e de qualidade.

Dessa forma, construímos um ecossistema digital inteligente, baseado em confiança, excelência e inovação, que na sua essência une criatividade, tecnologia, relações reais e de qualidade, valorizadas pela sua multiplicidade cultural e pela capacidade humana.

Somos um banco ágil, completo, descomplicado e ousado que acredita na inovação e no potencial humano realizador, com foco em criar experiências únicas respeitando a regulamentação e as regras do jogo para valorizar o tempo e as conquistas dos nossos clientes, parceiros, sócios e do nosso time, em equilíbrio com a sociedade e o planeta.

Nós buscaremos estar sempre conectados e integrados ao potencial de desenvolvimento de todos os parceiros e clientes de nosso ecossistema de negócios, mantendo vivo nosso propósito de tornar as melhores ideias uma nova realidade e fazer com que nessa jornada todos cresçamos juntos.

Muito prazer em conhecer você. Boas-vindas de toda equipe SmartBank!".

A Kunumi é uma empresa brasileira que nasceu na Universidade Federal de Minas Gerais para estudar e trabalhar com mecanismos de inteligência artificial com consciência e com ética. Ela reimagina desafios complexos por esse viés. Sua jornada é desbloquear novos pontos de vista e descobertas que vão levar a nós, humanos, e nosso planeta para um futuro balanceado[31]. Outro foco da organização é não perder seus profissionais para as multinacionais de tecnologia, como Google e Facebook, por exemplo, e ter pessoas que tenham escolhido trabalhar em tecnologia para transformar positivamente a realidade.

Iniciada no começo de 2016, a Kunumi é fruto de muitos estudos e pesquisas de seus fundadores (um professor e um ex-aluno da UFMG) para criar uma plataforma tecnológica que imita o funcionamento do cérebro. Com sua rede neural artificial,

---

30. Website SmartBank. Disponível em <https://www.smartbank.com.br/>. Acesso em 31 de maio de 2020.
31. Website Kunumi. Disponível em <https://www.kunumi.com/>. Acesso em 31 de maio de 2020.

a plataforma consegue analisar gigantescas bases de dados, encontrar padrões e trazer soluções para diferentes problemas que levariam décadas para serem resolvidos por seres humanos. É, em resumo, uma *startup* de inteligência artificial, o mesmo campo de pesquisa que está no radar das principais companhias de tecnologia do mundo. Seu propósito é distribuir conhecimento, prosperidade e bem-estar por meio do desenvolvimento responsável de inteligência artificial.

Entre as incertezas críticas que levantamos durante o trabalho que fizemos juntos estavam sustentabilidade, clima, desigualdade e saúde. Questões que, para eles, ultrapassam sua capacidade em tamanho e complexidade. A Kunumi acredita que precisa escalar seu potencial para encontrar respostas a essas incertezas. E é nessa escalada que nos encontramos hoje, juntos, rumo a uma consciência mais ampla e ética.

Manifesto Kunumi

"Programando a Mudança para Impacto Exponencial

Nosso objetivo é mudar a vida humana, programando e distribuindo inteligência escalável por meio de organizações que podem gerar impacto exponencial e global.

A inteligência artificial pode ser uma tecnologia em sua infância agora, mas sabemos o seu poder de fazer a diferença em nosso mundo. É por isso que nosso ecossistema imediato abrange funcionários, parceiros e clientes que também têm no centro de suas missões 'mudar e melhorar a vida humana'. Nossos problemas como seres humanos são eternamente os mesmos, mas a abordagem para resolvê-los é completamente nova agora. Por aumentar e expandir nossa capacidade de inteligência que a IA está revolucionando tudo. A maneira como entendemos a IA é percebendo-a como inteligência escalável. Um meio escalável para encontrar novas soluções para nossas vidas como indivíduos, como uma comunidade como uma raça planetária.

Mudar a vida humana: para nós, mudança significa aprimoramento, aperfeiçoamento, evolução. Este é o nosso principal objetivo: melhorar a vida humana através da tecnologia de ponta.

Programar e distribuir inteligência escalável: estamos aqui para codificar redes inteligentes que podem aprender a resolver problemas complexos da humanidade. Mas também estamos aqui para distribuir essas redes inteligentes e suas soluções para as mãos certas.

Gerar impacto exponencial e global: nossa principal essência e compromisso é colocar essa tecnologia nas mãos de organizações que podem gerar um impacto social e global".

"A beleza da prática é que ela nos transforma de modo que superamos as nossas intenções originais — e continuamos! As nossas motivações para praticar evoluem à medida que amadurecemos."

- Ken Wilber, Terry Patten, Adam Leonard e Marco Morelli
— *A Prática de Vida Integral*

CAPÍTULO 6:
CONSULTORIA E FACILITAÇÃO
Um guia prático

O PAPEL DO CONSULTOR E DO FACILITADOR INTEGRAL

As consultorias surgiram na mesma época e contexto em que as organizações começaram a se profissionalizar e a crescer e, dessa forma, são parte do mesmo paradigma cultural. A noção estrita do que é "dentro" e do que é "fora" da organização, o foco nos resultados e na produtividade, a valorização da objetividade em detrimento da subjetividade são características natas das consultorias e facilitações que prosperaram durante todo o século 20 e início do século 21.

Esse tipo de serviço continuará a ter um papel importante para as organizações contemporâneas e futuras, mas a complexidade atual exigirá que se abandonem as perspectivas mecanicistas e reducionistas do papel que essas atividades devem adotar perante as organizações. Em contextos complexos, deve-se abandonar a noção do consultor ou do facilitador como um especialista externo, que aparece com ferramentas e conhecimento prévio, investiga o problema, implanta uma solução no ambiente organizacional e se despede.

Gostamos de atribuir o nome de "integrador" aos profissionais envolvidos num projeto baseado na adoção do **Metamodelo Integral de Gestão**, e eles podem ser colaboradores contratados ou não da empresa; normalmente, nesses projetos há uma forte sinergia e parceria de indivíduos que trabalham no dia a dia da operação e outras que são profissionais independentes ou membros da Chie. Evitamos aqui usar os termos profissional "interno" e "externo" para minimizar as concepções equivocadas do tipo de relação que é promovida nesses ciclos de desenvolvimento.

No decurso de um projeto, que costumamos denominar "jornada", há uma profunda ligação entre os integradores envolvidos, com uma genuína intenção de contribuir para a evolução e o aprendizado, que servirá tanto para a organização como para os indivíduos; porém, é importante ressaltar que tal interação deve ser feita à luz de respeito e entendimento das hierarquias sistêmicas envolvidas. Há um paradoxo inerente a esse papel: em termos sistêmicos, os integradores devem se colocar em uma posição humilde de quem está "chegando no sistema por último", ou seja, participando para contribuir, e não como um elemento central, e devem tomar todos os cuidados para não assumirem uma posição de salvadores, protetores ou pivôs do processo todo. Por outro lado, eles devem se comprometer de corpo e alma com a missão de contribuir, serem capazes de se colocar inúmeras vezes no lugar dos membros e departamentos da organização cliente, se comprometerem com a entrega e com o impacto das interações estabelecidas. O convite aqui é para evitar que assumam a posição confortável de um ente externo que não se envolve ou não se compromete com o sistema em que está envolvido.

Outro ponto importante, já mencionado neste livro, é o trato do conteúdo e da base conceitual que embasa todo o trabalho. Os integradores (facilitadores ou consultores) precisam avaliar cuidadosamente o que mencionar e como fazê-lo a respeito de toda a bagagem conceitual envolvida em sua abordagem. É comum que esses profissionais, altamente inspirados por esses pressupostos, sejam seduzidos a divulgar todo o conhecimento envolvido. Em diversos momentos essa posição é contraproducente, pois afasta o interlocutor da conversa, que normalmente não possui o mesmo repertório, fundamento ou linguagem. O ideal, sempre que possível, é que o profissional encontre seu cliente na sua necessidade ou dor, e retorne devolutivas em uma perspectiva abrangente, mas assertivas ao rol de suas preocupações concretas.

Uma armadilha que o conhecimento teórico pode gerar para os profissionais menos experientes é usar o repertório como escudo protetor, normalmente pela tensão antecipada pela insegurança. Com o tempo e com a experiência, os integradores vão modulando o grau de profundidade dos fundamentos teóricos que serão explicitados, à medida que este embasamento seja produtivo ao interlocutor.

Outro aspecto relevante é a humildade de reconhecer o limite do conhecimento num contexto de emergência e incerteza. As jornadas realizadas nesses projetos possuem importantes implicações para todos os envolvidos no sistema e, portanto, são projetos impactados essencialmente por fatores imprevisíveis, com consequências inesperadas. Os facilitadores precisam sustentar a confiança de estar a serviço para o melhor do sistema, ao mesmo tempo que se esforçam para influenciar, da melhor forma possível, mesmo que não saibam exatamente o que está para emergir na situação. Essa postura se torna especialmente delicada quando o profissional precisa lidar com interlocutores, normalmente executivos da organização, que esperam por garantias e certezas sobre um resultado controlável. Manter a confiança mesmo diante da incerteza, procurando ser transparente a esse respeito com essas pessoas, é um dos trabalhos mais difíceis e críticos dentro dos projetos. Uma vez que os integradores consigam sustentar a ansiedade de seus interlocutores com transparência e sinceridade, pouco a pouco, vão percebendo que essa tensão tende a se transformar em resiliência e engajamento no processo, condição essencial para que a jornada ganhe tração entre os envolvidos e gere os resultados desejados.

RECURSOS INTEGRAIS NA CONSULTORIA E FACILITAÇÃO

As mesmas bases conceituais que inspiraram a visão do **Metamodelo Integral de Gestão** motivam também os ferramentais práticos que podem ser utilizados na facilitação e na consultoria dos projetos. Se o Metamodelo é a estrutura, é o "*o quê*", esses ferramentais e técnicas são o "*como*". A seguir, vamos apresentar diversas formas de aplicação dos conceitos integrais para facilitação e exercício da consultoria integral, mas é importante ressaltar que as ferramentas tradicionais de consultoria e facilitação, provenientes das diversas escolas de administração e gestão e das grandes consultorias consagradas, continuam a ter sua validade e aplicação em nossa abordagem, contextualizadas dentro do Metamodelo e articuladas com outras práticas. Acreditamos que essas ferramentas são potencializadas quando articuladas com as práticas que descrevemos.

A Abordagem Integral constitui um mapa que abrange cinco dimensões essenciais. São elas: **quadrantes**, **níveis**, **linhas**, **estados** e **tipos**.

Os **quadrantes** são fundamentais, pois nos ajudam a entender qual é o domínio daquilo que estamos analisando ou observando, sabendo que cada um deles possui uma dinâmica própria, com sua própria cadeia de causas e efeitos, embora todos estejam interrelacionados e se influenciem mutuamente o tempo todo.

Um dos grandes ganhos do trabalho com os quadrantes é entender como os reducionismos (quando negligenciamos um ou mais quadrantes e exageramos em outros) são parte do problema do sistema. Ao utilizá-los para planejar e criar qualquer coisa, nossas iniciativas tendem a ser muito mais potentes e equilibradas.

Quando trabalhamos conscientemente com **níveis** ou **estágios**, podemos identificar aquilo que é positivo que cada nível, como um sistema de valores, defende. Assim, podemos honrá-los e incluí-los, ao mesmo tempo que ficamos livres para descartar ou ressignificar os pontos cegos e as fragilidades de cada nível ou estágio.

Embora não apresentemos técnicas específicas de **linhas de desenvolvimento**, vale ressaltar que elas ajudam a entender algumas contradições de desenvolvimento, uma vez que ele não ocorre como um bloco monolítico, mas, sim, de forma desigual em diversas linhas distintas, como cognitiva, necessidades, identidade, valores, emocional, moral, interpessoal, cinestésica e espiritualidade. As linhas de desenvolvimento podem ser especialmente relevantes no desenho de programas de capacitação de pessoas e lideranças, considerando não apenas o aprendizado técnico e o avanço cognitivo, mas incluindo um olhar para o desenvolvimento moral, emocional e interpessoal.

A observação e o uso de ferramentas para **estados de consciência** nos permitem diferenciar e direcionar o que é estável e o que é momentâneo durante uma atividade. Igualmente possibilitam prevenir e manejar melhor o *timing* das situações em que estamos, gerando a fluidez com que se aproveita as oportunidades ou que contorna as ameaças a nossos objetivos.

As **tipologias** nos viabilizam lidar e caracterizar a especificidade de cada elemento ou indivíduo, conjunto de indivíduos ou grupos. Portanto, são aspectos que não podem ser vistos nem como níveis de desenvolvimento, linhas, quadrantes ou estados. As tipologias acrescentam uma camada de entendimento à complexidade inerente das coisas, quando, por exemplo, pessoas com o mesmo nível de consciência e observando da mesma perspectiva podem ter reações bastantes distintas a um mesmo estímulo. Perceber essas nuances nos ajuda a não rotular alguém por apenas um dos elementos e nos coloca presentes na unidade de cada indivíduo.

Além dos elementos clássicos da Visão Integral, reservamos atenção para o conceito de **Sombra**, que está relacionado ao trabalho no âmbito emocional, que consideramos de vital importância, muito poderoso e muito pouco utilizado como ferramental de gestão.

QUADRANTES E PERSPECTIVAS NA CONSULTORIA E FACILITAÇÃO

Visão geral — quadrantes e perspectivas

O uso dos quadrantes da Abordagem Integral, desenvolvida pelo pensador estadunidense Ken Wilber, em qualquer tipo de análise, nos auxilia a garantir que nenhuma dimensão da realidade seja desconsiderada. A **Metodologia Tetradinâmica**, ou seja, as relações interdependentes entre quatro dimensões, também possibilita que sejam ampliadas as perspectivas das análises, ajudando-nos a não descartar aspectos menos relevantes aos nossos olhos, garantindo, assim, que exploremos todas as dimensões de determinada questão.

Em resumo, os quatro quadrantes representam os seguintes aspectos da experiência e conhecimento humano:

	INTERIOR	EXTERIOR	
INDIVIDUAL	Superior Esquerdo (SE) **EU** *Intencional* *Subjetivo*	Superior Direito (SD) **ISTO** *Comportamental* *Objetivo*	**INDIVIDUAL**
COLETIVO	Inferior Esquerdo (IE) **NÓS** *Cultural* *Intersubjetivo*	Inferior Direito (ID) **ISTOS** *Social* *Interobjetivo*	**COLETIVO**
	INTERIOR	EXTERIOR	

Fig. 28. Os quatro quadrantes.

Quadrantes na consultoria

Todo uso da Metodologia Tetradinâmica se inicia com a definição do que será investigado e qual unidade de análise será utilizada.

1. Escolha a unidade de análise:

Uma boa definição do que será examinado é fundamental para melhor aproveitamento da metodologia. Avaliar o líder de um time ou o fundador de uma empresa é diferente de analisar um time, a empresa ou as instalações onde ela está localizada.

As unidades analisadas podem ser classificadas em quatro tipos: **Monte** (ou **Amontoado**), **Artefatos**, **Hólon Individual** e **Hólon Coletivo**[32]. A saber:

Fig. 29. Hólons, Artefatos e Amontoado.

Um **monte** (ou **amontoado**) é uma pilha aleatória de coisas. Por exemplo, um amontoado de areia consiste em grãos de areia e um amontoado de roupas é simplesmente uma pilha de roupas sem ordem nem organização. O amontoado total ou "pilha" é composto de partes que chamamos "aspectos", "facetas" ou, simplesmente, "coisas".

Um **artefato** pode ser criado direta ou indiretamente por um hólon. Por exemplo, uma pessoa pode inventar uma máquina que fabricará outros produtos; isto é, uma linha de montagem robotizada é um artefato que produz outros artefatos. Entretanto, a estrutura e a função destes últimos artefatos são também determinadas pela consciência do hólon que criou o primeiro.

Tanto os **montes** como os **artefatos** não possuem uma dimensão interior nem subjetiva (eles não têm consciência própria) e isso determinará o tipo de lente que usaremos para analisá-los (como veremos a seguir).

Os outros dois tipos de classificação são os **hólons**: uma entidade quádrupla com uma dimensão interior (intenção, consciência, subjetividade) e uma exterior (extensão, forma-matéria, objetividade) num nível individual (localizado) e num social (distribuído). Com base nesses diferentes níveis, há dois tipos de hólons: **hólon individual** e **hólon social**. Um hólon total ou "sênior" (também chamado de "sistema holônico") é uma unidade composta que transcende e inclui suas partes ("elementos" ou hólons "juniores"). Por exemplo, uma molécula transcende e inclui seus átomos; um ser humano transcende e inclui o ser reptiliano.

A diferença entre o **hólon individual** e o **social** é que um hólon individual é um "membro" de um hólon social e não uma parte (elemento constitutivo ou júnior) dele. O **hólon social** é o espaço relacional que contém os padrões de organização nos quais os **hólons individuais** encontram uma afiliação comum. Simplificando, um **hólon individual** tem um centro unificado de consciência e vontade, já num **hólon social** a vontade e a consciência são distribuídas.

---

32. Para um maior entendimento, leia o já citado artigo de Fred Kofman, "*Hólons, Artefatos e Amontoados*". Disponível em https://www.araraynsford.com.br/artigos-e-textos/holons-artefatos-e-amontoados.

2. Escolha a Tetra dinâmica

Aqui usaremos a versão clássica de quatro quadrantes, sendo eles a representação objetiva e subjetiva da realidade, tanto individual quanto coletiva.

3. Escolha entre Quadrantes (olhando para) ou Quadrívia (olhando como)

As duas maneiras básicas com as quais você pode trabalhar com praticamente qualquer Tetradinâmica são: focar cada um dos quadrantes como uma dimensão da unidade de análise (análise de **quadrívia** ou **olhando para**) ou, então, como uma perspectiva da unidade de análise, isto é, como a unidade de análise vislumbra a realidade à sua volta (análise de **quadrante** ou **olhando como**).

Quando analisamos um monte ou artefato, não podemos realizar uma análise do tipo quadrante, porque eles não possuem interioridade.

Análise de Quadrante é quando você está focado em quatro dimensões distintas de um hólon individual e como o hólon percebe o mundo de cada uma dessas dimensões.

Já a Análise Quadrivial é quando você está focado em quatro perspectivas distintas que podem ser observadas em uma unidade de análise.

Olhando Como... Olhando Para...

QUADRANTES

- Dimensões ou *Being*.

- Fenômenos que o indivíduo pode perceber como resultado de seu próprio estado de ser.

QUADRÍVIA

- Perspectivas ou *Knowing*.

- Diferentes perspectivas associadas a cada quadrante são dirigidas ao fenômeno colocado no centro do diagrama.

Fig. 30. Quadrantes e Quadrívia.

Escolha qual ponto de vista é mais adequado à análise que será realizada.

4. Defina o modo de olhar

Usando a versão clássica, você pode aumentar as correlações entre as diversas dimensões ou perspectivas definindo o modo de olhar:

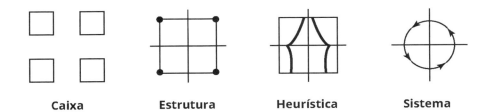

    Caixa   **Estrutura**   **Heurística**   **Sistema**

Fig. 31. Formas de olhar os Quadrantes ou Quadrívias.

I. Caixa: colocar palavras ou frases na caixa que melhor representa o seu significado.

II. Estrutura: colocar palavras ou frases na caixa, mas também observar as relações entre os itens nos vários quadrantes. Em outras palavras, você usa os quadrantes como uma estrutura para entender como o conteúdo se relaciona. Isso permite identificar as ligações entre os quadrantes adjacentes e diagonalmente.

III. Heurística: construir as visões anteriores e depois se distanciar, buscando uma visão total. Você está ciente de que este *snapshot* (registro instantâneo) de sua unidade de análise é apenas um dos muitos pontos de vista ou janelas possíveis.

IV. Sistema: consciente das muitas relações complexas dentro, no meio e em todos os quadrantes, você pode ver os círculos viciosos e loops virtuosos que são possíveis entre os vários conteúdos nos diferentes quadrantes.

Para usar esse modelo em um grupo:

1. Peça que cada um construa sua visão individual (caixa);
2. Forme pequenos grupos e peça que compartilhem suas visões e construam uma consolidada do grupo (estrutura);
3. Solicite que falem sobre suas visões, os diferentes pontos de vista que constituem as possíveis janelas;
4. O grupo todo, diante das diversas janelas, pode identificar relações, conexões, círculos viciosos e loops virtuosos constituindo, assim, o sistema.

5. Defina a escala que usará para apoiá-lo no uso da linguagem

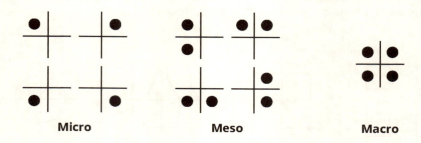

Fig. 32. A escala de análise.

I. Micro: palavra associada a um quadrante. Exemplo: "cérebro" é tipicamente relacionado ao Superior Direito e "mente" ao Superior Esquerdo.

II. Meso: palavra ou frase que pode ser colocada em dois quadrantes. Estes são tipicamente quadrantes adjacentes. Por exemplo, "estar apaixonado" pode ser tanto Superior Esquerdo quanto Inferior Esquerdo; se você colocar "estar apaixonado" no Superior Esquerdo, você destacará a primeira pessoa.

III. Macro: termo que pode servir para qualquer um dos quatro quadrantes. Tendem a ser palavras abstratas, como "amor", que inclui todas as quatro dimensões como representadas pelos quadrantes: sentimentos individuais (SE), sentimentos compartilhados (IE), fisiologia e aspectos químicos (SD) e os perspectivas sociais e ambientais (ID).

Em uma entrevista, não é possível definir a escala de linguagem, mas fique atento a esse aspecto, pois você pode julgar necessário complementar com uma pergunta para obter uma resposta que esclareça o nível de linguagem. Além disso, quando analisar as respostas e observar o quadro completo, essa distinção pode ser importante.

Quadrantes em consultoria — possíveis aprendizados, benefícios ou resultados:

- Os quadrantes/perspectivas são particularmente úteis para ampliar perspectivas, na hora de fazer o diagnóstico do projeto.
- A escolha da unidade de análise é a etapa fundamental que geralmente gera equívocos no processo. Fique atento a essa etapa.

Primeira, segunda e terceira pessoa em facilitação

De maneira geral, as três perspectivas estão muito presentes no trabalho de treinamento e facilitação de pessoas. Podemos entender essas atividades da seguinte forma:

- **Treinamento – Terceira pessoa** – a interação e o impacto se dão principalmente na perspectiva de terceira pessoa (objetiva);
- **Facilitação – Segunda pessoa** – a interação e o impacto se dão principalmente na perspectiva de segunda pessoa (intersubjetiva);
- **Transformação – Primeira pesso**a – a interação e o impacto se dão principalmente na perspectiva de primeira pessoa (subjetiva).

Agora, focando especificamente a facilitação, o uso dos quatro quadrantes pode ser feito pela utilização das três perspectivas: primeira pessoa (subjetiva), segunda pessoa (intersubjetiva) e terceira pessoa (objetiva).

Cada quadrante engloba aspectos específicos que refletem essa perspectiva, conforme o quadro a seguir.

INTENÇÃO / EXPERIÊNCIA	ATERRAMENTO / COMPORTAMENTO
Propósito	Postura / Linguagem Corporal
Emoção	Linguagem
Crença pessoal	Sentidos
Valores	Voz
Sombra / Medos	
Modelo Mental	
Julgamento	
CONEXÃO / CULTURA	**SISTEMAS / ESTRUTURAÇÃO / "FRAME"**
Escuta	Áudio Visuais / Tecnologia
Compartilhado	Layout
Propósito / Crenças / Valores / Rituais / Símbolos	Ambiente
	Infraestrutura
Encontrar o outro onde está	Contexto
Significado	Plano de Aula
Linguagem	Campo (V, A, C)
Histórias e Metáforas	Espaço
Afasta de que...	Tempo
Aproxima do que...	O quê, Por quê, Como, E se,
Positivo e Negativo	O que mais

Fig. 33. Aspectos da facilitação por quadrantes.

Na facilitação, você pode começar por trazer a sua consciência primeiramente para uma das perspectivas, facilitando apenas a partir dela (exemplo, facilitação em primeira pessoa). Um nível de mestria maior significa facilitar tendo consciência das três perspectivas simultaneamente.

Perspectivas em facilitação — possíveis aprendizados, benefícios ou resultados:
- As perspectivas ajudam a perceber a experiência e o impacto da facilitação em dimensões simultâneas que ampliam a capacidade de transformação do facilitador.
- As perspectivas integram todos os elementos: facilitador, facilitado, conteúdo e contexto.
- Auxiliam o facilitador a perceber campo e agir sobre ele, para que o melhor e mais significativo para o grupo seja entregue.

NÍVEIS DE CONSCIÊNCIA NA CONSULTORIA E FACILITAÇÃO

Facilitação considerando os Níveis de Consciência

Na facilitação, devemos levar em consideração os Níveis de Consciência, tanto no desenho da intervenção quanto na condução do grupo. É importante entender a Visão do Mundo/Nível de Consciência de seu público para adaptar a sua linguagem e facilitação, respectivamente. Caso você não conheça bem o grupo de antemão, ao iniciar a atividade tente o mais rapidamente possível identificar o centro de gravidade do grupo em termos de níveis. Você pode fazer isso utilizando algumas observações iniciais:

1. Observe a forma como as pessoas se apresentam na etapa do *check-in*/apresentações/dinâmica quebra-gelo, porque isso pode ajudar a identificar o Nível de Consciência da pessoa e do grupo.
2. Faça uma lista dos nomes e os marque com cores o Nível de Consciência da pessoa.
3. Lembre-se de que as pessoas são mais complexas do que sua capacidade de observação, portanto evite rótulos. Esse passo a passo é apenas uma forma para iniciar sua abordagem. Continue aberto para revisitar suas conclusões.

Níveis em facilitação — possíveis aprendizados, benefícios ou resultados:
- Auxiliam na utilização da comunicação que faz sentido para o público, uma que desafie, mas que permita a compreensão.
- Ao saber o Nível de Consciência do público, pode-se evitar ferir valores e crenças utilizando uma linguagem de construção, e não de imposição de um novo olhar.
- No próximo quadro, confira como ocorre um olhar integrado de níveis, atuação do consultor/facilitador e o processo de comunicação adequada.

NÍVEL DE DESENVOLVIMENTO	ESPAÇO	EDUCADOR / CONSULTOR / FACILITADOR	COMUNICAÇÃO
MAGENTA Caraterística: ligação de sangue Dica: envolver amigos/família.	Lembre-se/honre o passado do grupo (imagens, sons conhecidos etc.). Ambiente organizado onde as pessoas consigam se olhar.	Pessoa mais velha, respeitada e com tempo dentro do grupo, legitimada pela proximidade. Emprego de metáforas.	Convite forte e cuidadoso dirigido a grupo. Uso de personagens ilustrativos e cores.
VERMELHO Caraterística: competição. Dica: Jogos, atividades dinâmicas com o corpo.	Espaço estruturado que permita a competição.	Estilo de força direto e justo. Pessoa de referência concreta e legitimado pela postura, conhecidas/próximas. Líder/pessoas idealizadas (figura do herói) com histórico conhecido. Não deve punir, mas, sim premiar para gerar aprendizado.	Oferecer ganho imediato se comparecerem. Regras claras e atividades práticas. Convite do gestor direto.
ÂMBAR Característica: cumprimento de regras. Dica: oferecer caderno/apostila.	Pode ser formato auditório. Estilo de aula tradicional, organizado e *clean*.	Referência hierárquica ou detenção de conhecimento.	Convite compulsório, claro, formal e direto. Política de consequências.
LARANJA Característica: busca do melhor modelo/receita. Dicas: usar *cases*, focar o resultado.	Espaço que permita a troca de experiências.	Especialista referência no mercado, autoral com propriedade e experiência. Explicar a lógica que está por trás do conteúdo. Trazer novidades para experimentação.	Direta e deixando claro o ganho da participação no evento (resultado). Evidenciar como pode ser levado para prática.
VERDE Característica: todos são iguais. Dicas: não expor nem medir por meio de provas/testes.	Espaços que permitam a coconstrução e troca de conhecimento: círculo, em "U", aberto.	Facilitadores que consigam transitar no profundo do grupo. Democrático e com capacidade de ler o sistema e criar no momento se necessário.	Apelo à responsabilidade moral. Inclusiva e conectiva.
VERDE-ÁGUA (TEAL) Característica: flexibilidade sem cerimônia.	Vários tipos de ambientes disponíveis e, ao mesmo tempo, dar possibilidade de escolha.	Facilitador de grupo + referência no tema (competente na área de atuação). Olhar sistêmico, capaz de fazer conexões.	Evidenciar a possibilidade de escolha no convite. Utilizar o recurso de autodidata e paradoxos.

Níveis de consciência na consultoria — possíveis aprendizados, benefícios ou resultados:

- Se você já sabe de antemão o Nível de Consciência do grupo, utilize as técnicas identificadas mais adequadas a cada um deles;

- Reconhecer a Visão de Mundo do cliente ou do grupo é fundamental para adaptar a linguagem e as técnicas para atingir resultados mais eficazes;

- Nas organizações e nos ecossistemas há grupos diferentes de *stakeholders* que, muitas vezes, representam visões de mundo diferentes; portanto, para desenhar uma solução complexa, é importante avaliar o centro de gravidade de consciência da organização e, então, desenvolver um plano de comunicação que possa "conversar" com os diferentes públicos;

- Lembre-se de que o Nível de Consciência varia conforme as linhas de desenvolvimento (emocional, interpessoal, cognitiva); por isso, tenha cuidado para não estabelecer "rótulos", mantenha sempre uma postura de questionamento: "Onde é que eu posso estar errado?";

- Nos projetos de transformação, há a proposta de trabalhar a partir de meio nível acima da consciência vigente do público para gerar tensão para o crescimento e, portanto, um espaço de aprendizagem e evolução.

TIPOS NA CONSULTORIA E FACILITAÇÃO

Visão geral — tipos na consultoria e facilitação

"Tipos referem-se aos itens que podem estar presentes em praticamente qualquer estágio ou estado. Uma tipologia comum, por exemplo, é a Myers-Briggs (cujo tipos principais são percepção, pensamento, sensação e intuição). É possível ser qualquer um desses tipos em praticamente qualquer estágio do desenvolvimento. Essas 'tipologias horizontais' podem ser utilíssimas, sobretudo quando combinadas com níveis, linhas e estados."

Espiritualidade Integral, Ken Wilber

Neste livro, vamos trazer duas tipologias: feminino-masculino e eneagrama.

Feminino e masculino

Outra faceta com que podemos olhar para as organizações é a respeito dos estilos feminino e masculino de gestão. Isso não significa um olhar específico a respeito da problemática de gêneros no trabalho, mas sobre o conjunto de características que essas polaridades típicas ensejam, independentemente do aspecto de gênero individual.

Como já vimos no capítulo sobre polaridades, elas representam valores interdependentes que podem não funcionar bem de forma isolada, precisando de constante gerenciamento e articulação consciente. Organizações com uma cultura com características mais masculinas tendem a ser mais estruturadas, racionais, analíticas e focadas. Já as mais femininas estão propensas a ser mais afetivas, flexíveis, sensoriais e criativas. O importante é termos em mente o estilo para o qual a cultura se inclina e procurar contrabalancear com indicadores e salvaguardas que mantenham as polaridades integradas e saudáveis.

Com relação à problemática de gêneros propriamente dita, temos de considerar que vivemos uma profunda revisão coletiva na sociedade sobre os papéis sexo/gênero e as patologias derivadas de desequilíbrios históricos e culturais. E as organizações, como parte da sociedade, não podem se esquivar dessas questões. Trata-se de um tema complexo com nuances relevantes e muitas sensibilidades e é vital que dentro das organizações busquemos zelar pela expressão mais saudável das tipologias sexuais/gêneros. Em última instância, o assunto diz respeito ao relacionamento entre indivíduos e grupos dentro de uma organização.

Para uma visão mais aprofundada, sugerimos os livros: *O Caminho do Homem Autêntico* e *Dear Lover*, ambos de David Deida; e *Loving Completely: A Five Star Practice for Creating Great Relationships*, de Keith Witt.

O eneagrama

O eneagrama é um sistema profundo que descreve nove tipos de personalidade, seus padrões de comportamento e os diferentes Níveis de Consciência de cada um. É um mapa que nos ensina a tomar consciência do lugar onde estamos e como chegamos até ali e principalmente nos ajuda a descobrir caminhos para ir além, em busca de nossa essência, daquele que realmente nascemos para ser e podemos ser. Esse mapa, que nos auxilia a desvendar nossos mistérios, promove maior capacidade de compaixão por nós mesmos e pelos outros.

O eneagrama original surgiu na Antiguidade, nos séculos 2 e 3 na Alexandria, com o desejo de Alexandre, o Grande, de unir o Ocidente e Oriente. Com esse intuito, atraiu, para aquela cidade egípcia, sábios de todos os cantos do mundo. Com essa integração de saberes, emergem descobertas jamais imaginadas anteriormente.

O eneagrama descreve as motivações por trás das ações, as crenças e as estratégias inconscientes ocultas nas decisões e ajuda as pessoas a se conectarem com sua essência, orientando-as para a expansão e transformação pessoal.

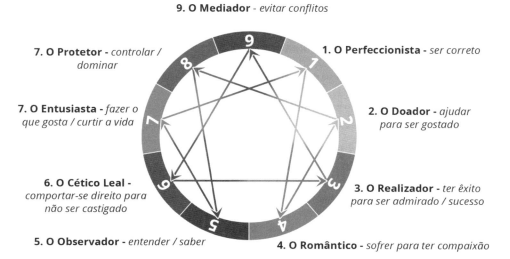

Fig. 34. Eneagrama.

Não descreve apenas tipos de personalidade. É um sistema completo e complexo de desenvolvimento que aponta caminhos viáveis e produtivos de expansão de nossa personalidade e de libertação de hábitos limitantes, permitindo um crescimento integral como ser humano.

Conceito geral

- Existem nove tipos humanos e cada pessoa pertence a um deles.
- Nenhum tipo é melhor do que o outro.
- Nosso tipo não muda, mas nós mudamos.
- Temos traços dos nove pontos, mas um deles é bem mais forte e marcante do que os demais. No estado da personalidade, a visão de mundo de nosso tipo nos domina e nos cega para a realidade objetiva.
- Para definirmos nosso tipo, a motivação (paixão e fixação) conta mais do que os traços típicos de comportamento.
- A natureza não controlada de nosso tipo causa estresse, conflito e sofrimento no trabalho e nos relacionamentos.
- Podemos nos reencontrar com nossa verdadeira essência.
- A observação dos outros leva à compreensão, aceitação e tolerância.
- Regras de ouro: não estereotipar, não julgar e não justificar.

Relações

- Graças à sua dinâmica passamos a reconhecer os padrões que operam dentro de nós e nos outros, favorecendo a comunicação, a sinergia e o crescimento.
- A partir do momento que se consegue distinguir um padrão, fica-se mais livre para mudá-lo ou trabalhar mais criativamente com ele.
- As preferências ligadas à personalidade influenciam praticamente todos os aspectos da vida, incluindo escolhas, relacionamentos e trabalho.

Atualmente, o eneagrama já conta com reconhecimento científico e acadêmico, incluindo diversas teses de mestrado e doutorado nos Estados Unidos e na Europa. No mundo dos negócios, ele vem sendo descoberto por alguns cursos de MBA de instituições como Stanford e Loyola, nos Estados Unidos, e Fundação Getúlio Vargas e Universidade de São Paulo, no Brasil[33].

Facilitação e consultoria considerando os tipos

No processo de facilitação e consultoria, essas duas abordagens podem ser extremamente enriquecedoras para ampliar sua atuação em determinado contexto ou projeto. O eneagrama e a abordagem de feminino-masculino são importantes no processo de autoconhecimento e de relações sadias.

---

33. Fontes: The Enneagram Institute - https://www.enneagraminstitute.com e Mundo Eneagrama - http://mundoeneagrama.org/tag/enneagram-institute.

Para aplicar essas metodologias, recomendamos um aprofundamento nos temas. No Brasil, existem alguns programas de certificação para a aplicação do eneagrama, por exemplo, o EPTP, de Uranio Paes, e o Programa de Eneagrama, com o Padre Domingos.

Tipos na facilitação e consultoria — possíveis aprendizados, benefícios ou resultados:

- As tipologias são sempre "horizontais": nenhum tipo é melhor que o outro;
- Elas determinam uma preferência, uma forma de atuação no mundo que a pessoa e a organização conseguem acessar com mais facilidade. O trabalho com os tipos pode ampliar a qualidade das respostas à medida que começamos a acessar as diversas energias contidas nos diferentes tipos.
- Quando você conhece o seu público, pode adaptar sua linguagem para trabalhar com a motivação de cada um dos tipos presentes.
- Conhecer os tipos das pessoas com quem você trabalha e se relaciona ajuda a causar o impacto ao oferecer o que realmente interessa a eles.
- O trabalho com as tipologias (como o eneagrama) facilita a criação de ambientes mais saudáveis.

O que posso fazer para tornar meu ambiente o solo mais fértil do mundo para o desenvolvimento de talentos?

- Robert Kegan

Como lidar com os tipos do eneagrama

O eneagrama, como uma ferramenta de autoconhecimento, aponta nove principais tipos de personalidade identificados na humanidade. Cada um deles age e pensa de forma diferente em uma mesma situação. Saiba como lidar com cada um.

Tipo 1: Tende a ficar remoendo o que, para ele, não é correto. Seu vício é a IRA. É explosivo e impõe autocobrança. Quando estiver em contato com um perfeccionista, seja no trabalho, seja nas relações interpessoais do cotidiano, admita suas falhas e tenha cuidado ao criticá-lo. Procure torná-lo mais flexível a ponto de elogiar os colegas. Ele aprecia o que é positivo nele, em você e nas outras pessoas. Indique esses pontos. Incentive-o a pensar nas coisas que gosta de fazer, e não apenas nas obrigações. Valorize o lado lúdico do Tipo 1 e mostre que ele não é responsável por "consertar" o mundo. Uma frase de incentivo é "você continuará sendo importante para nós, mesmo quando não for perfeito".

Tipo 2: Essa personalidade acredita que seu maior valor está em ser solícito e disponível para ajudar os outros, mas seu orgulho, às vezes, atrapalha. O Tipo 2 sente que as outras pessoas dependem dele, mas não acredita que possa depender dos outros. Reconheça o esforço do Tipo 2. Se perceber que ele precisa de ajuda, não pergunte, apenas faça. Incentive-o a exercitar seus pontos positivos e ajude-o a trabalhar o lado teórico das coisas, sem deixar de dar importância a seu lado emocional. Diga a ele para "trabalhar menos pelos outros e mais por si mesmo".

Tipo 3: Para ele o sucesso é o mais importante e procura adquirir o reconhecimento do mundo. Elogie seus resultados, tenha cuidado ao criticá-lo, mas ajude-o a acessar suas emoções e a valorizar as outras pessoas. Ele possui um ritmo acelerado. Não interfira nisso. No âmbito profissional, eficácia e metas não são as únicas características de um bom profissional, também é preciso caprichar nos detalhes. Mostre isso a ele. Uma frase para o Tipo 3: "Gostamos de você não só pelo que você faz, mas também por quem você é".

Tipo 4: Intenso, idealista e criativo. Tem costume de comparar-se a outros e achar que falta algo em si mesmo. Reconheça-o, ouça suas queixas, mas sem concordar com a mania de comparação. Aponte o que ele é de forma positiva. Dê a segurança de que precisa e seja confiável. Ao exagerar nas emoções, alerte-o. Se o Tipo 4 pode ser mais produtivo, no trabalho, mostre o caminho. Diga que "sua contribuição é mais especial quando não está se comparando aos outros".

Tipo 5: Acredita na lógica e na razão. Precisa se isolar, emocionalmente falando. Respeite esses momentos. Incentive-o a colocar seus planos em prática. Mostre que lógica não é tudo; às vezes, é necessário seguir a emoção. Não exija ação dele, convide-o a agir. Diga que "o conhecimento precisa de experimentação".

Tipo 6: Essa personalidade precisa sentir-se segura e se previne de tudo o que possa, em algum momento, dar errado. Motive o Tipo 6 a assumir riscos e a concretizar seus trabalhos. Apresente fatos sobre sua competência e conquistas. Aconselhe-o quando ele estiver se protegendo demais a ponto de se sabotar. Ajude-o a ter mais independência e autonomia. Diga a ele que "o melhor pode acontecer. Pense positivo!".

Tipo 7: É guiado pela imaginação, tem a necessidade de sentir prazer e experimentar novidades. Tende a perder o foco em determinados momentos. Ajude-o a manter e a finalizar suas tarefas. Quando estiver fantasiando demais, imaginando coisas, traga-o de volta. Enfatize o que se pode perder quando se procura apenas o prazer. Uma frase para o Tipo 7 é: "Algumas experiências só são possíveis criando vínculos e tendo foco".

Tipo 8: Utiliza o poder e o controle da situação para se defender. Está determinado a conquistar o que deseja. Ao lidar com o Tipo 8, não mencione diretamente seus erros. Procure ir sempre direto ao assunto e não oculte informações. Aponte seus momentos agressivos ou maldosos. Diga a ele que, "ao ser mais gentil e solícito, poderá ter o verdadeiro poder: liderança".

Tipo 9: É paciente. Promove harmonia, consenso e dá atenção a todos, esquecendo-se, às vezes, de si mesmo. Incentive-o a sair da rotina e ter mais energia, a procurar posicionar-se. Ajude-o a elencar suas prioridades e manter uma agenda pessoal. Ele precisa reconhecer e canalizar a raiva e a indignação. Mostre que é possível. Diga: "Se você se posicionar, não será desprezado"[34]

---

34. Informações extraídas da apostila Workshop de Eneagrama – Iluminatta Brasil. http://mundoeneagrama.org/2013/02/como-lidar-com-os-tipos-do-eneagrama/

ESTADOS DE CONSCIÊNCIA NA CONSULTORIA E NA FACILITAÇÃO

Visão geral — os estados de consciência

"Os principais estados de consciência são vigília, sonho e sono profundo. Neste momento você está desperto (ou, se estiver cansado, talvez em devaneio). Há diversos tipos de estados de consciência, entre os quais estados meditativos (induzidos por ioga, prece contemplativa, meditação e assim por diante), estados alterados (por exemplo, induzidos por drogas) e uma variedade de experiências "de pico", muitas delas desencadeadas por atividades intensas, como fazer amor, caminhar ao ar livre ou ouvir boa música.

As grandes culturas tradicionais (como o misticismo cristão, o hinduísmo Vedanta, o budismo Vajrayana e a cabala judaica) afirmam que os três estados naturais de consciência — vigília, sonho e sono profundo —, na verdade, contêm um volume valioso de sabedoria e de despertar espirituais... se soubermos usá-los corretamente. Costumamos considerar o estado de sonho como menos real; porém, e se pudéssemos penetrá-lo enquanto acordados? E se pudéssemos fazer a mesma coisa no sono profundo? Poderíamos aprender algo extraordinário? Como saber ao certo sem experimentar? De certa forma especial, que exploraremos à medida que prosseguirmos, os três grandes estados naturais — vigília, de sonho e de sono profundo — podem conter todo um espectro de iluminação espiritual.

Mas, em um nível mais simples e mundano, todos vivenciam diversos estados de consciência, que, quase sempre, proporcionam profunda meditação, significado e motivação no indivíduo e em outros. Em qualquer situação dada, os estados de consciência talvez não sejam muito importantes, ou talvez sejam o fator determinante, mas nenhuma Abordagem Integral pode se dar ao luxo de ignorá-los. Sempre que usamos a abordagem integral, somos automaticamente instigados a verificar se estamos em contato com essas realidades subjetivas importantes. Esse é um exemplo de como um mapa pode nos ajudar a procurar o território de cuja existência, talvez, nem mesmo suspeitávamos."

Espiritualidade Integral, Ken Wilber

Estados de consciência na consultoria

Ambientes coletivos influenciam o estado de consciência dos indivíduos, e indivíduos afetam o estado coletivo. Todos nós que já trabalhamos em organizações sabemos disso por experiência. O que poucos sabem é que é possível atuar de forma pragmática para influenciar positivamente o estado de consciência coletivo no trabalho.

Ambientes psicologicamente seguros, que promovam a melhor qualidade de consciência possível, são muito mais importantes do que meramente qualificar uma empresa para entrar numa lista de melhores lugares para trabalhar. Locais assim possibilitam oportunidades para o desenvolvimento das pessoas, promovem abertura, diálogo, discordância produtiva e inteligência coletiva. Enfim, contribuem para o crescimento e evolução.

Quando realizamos um trabalho com uma equipe de alguma organização, em uma reunião ou algum processo de cocriação facilitada por nós, damos uma atenção especial ao *design* da experiência para propiciar estados mais elevados de atenção e abertura que permitem que as pessoas saiam de posturas reativas ou defensivas, o que leva a uma maior integração e qualidade de participação. Todos ganham.

Para isso, incluímos técnicas de meditação, práticas de roda de *check-in* e *check-out* em que os participantes explicitam seu estado emocional no momento, visualizações coletivas, dinâmicas de integração e diálogo. Práticas desenhadas por especialistas que são usadas cirurgicamente com resultados bastante perceptíveis em muito pouco tempo.

Clientes que percebem essa diferença de participação de suas equipes nesses contextos criados nos nossos *workshops* e reuniões costumam trazer a genuína preocupação sobre a dificuldade de sustentar no dia a dia tais estados, já que a rotina e as naturais fricções na operação diária (além das dinâmicas de relacionamento estabelecidas) costumam baixar a qualidade do estado de consciência dos indivíduos. Como solução, muitos deles passam a adotar as mesmas técnicas que utilizamos nos *workshops*: uma rotina de *check-in* e *check-out*, visualizações e meditação.

Estados na facilitação

Em primeiro lugar, o facilitador é o primeiro responsável para manter o estado de consciência de um grupo durante o processo. Costumamos chamar esse ato de "sustentar o campo". Para sustentar isso, ele deve permanecer presente e atento a toda e qualquer interferência, procurando preservar o espaço relacional o mais límpido possível. Se preciso, ele deverá intervir quando há alguma perturbação, como uma evidente rusga entre dois participantes que ameaça todo o processo e pode influenciar os demais participantes. Um facilitador treinado pode propor um exercício de mediação de conflitos, resolvendo a situação imediatamente para melhor proveito do trabalho que está sendo realizado.

Para criar e sustentar um campo (ou *contêiner de cura*), o psicoterapeuta estaduniense dr. Keith Witt detalha um precioso processo:

- Um *contêiner de cura* é como um túnel criado entre duas ou mais pessoas que se relacionam e pode ser qualquer tipo de relação, entre terapeuta e cliente, entre um casal, em uma família, entre colegas de trabalho, entre professor e alunos, entre facilitador e participantes de um *workshop* etc.

- Esse campo sempre se forma quando levamos o estado de rigidez, clareza ou confusão para uma posição de complexidade em que o aprendizado mútuo e a cura podem ocorrer.

Antes de iniciar o trabalho, o facilitador precisa criar esse contêiner, seguindo estes passos:

1. sintonizar consigo mesmo, encontrar um autorrelaxamento e fazer uma avaliação mental sobre sua condição física, emocional, mental e espiritual (ou supramental, filosófica ou essencial, como preferir);
2. pensar nas pessoas envolvidas, percebendo-as como indivíduos que também estão em busca de aprendizado e cura, independente de quão conscientes estejam desse fato;
3. captar a intenção profunda de estar a serviço daquelas pessoas e de algo maior, da condição intrínseca da natureza de buscar sempre pela maior complexidade, harmonia e entendimento.

Para encerrar um encontro ou trabalho, seja qual for, ele também recomenda fechar o contêiner de forma consciente. Segundo Keith, independentemente de quão árduo, conflituoso e dolorido tenha sido um processo, se o desfecho foi positivo e agradável, com algo gentil sendo expresso pelo facilitador e pelos participantes, os participantes estarão mais confiantes e dispostos a dar continuidade futuramente ao trabalho realizado.

Teoria U

Um poderoso processo para trabalhar com os estados de consciência é a Teoria U. O *Presencing Institute*, fundado pelo pesquisador alemão e professor no Massachusetts Institute of Technology (MIT) Otto Scharmer, é a referência mundial no assunto. No *site* do instituto (www.presencing.com/theoryu) e em outros tantos, você pode se aprofundar no tema.

Na sequência, você encontra um roteiro do processo "U" para que possa experimentar o trabalho com os estados na consultoria e facilitação. No processo de facilitação, algumas perguntas são de extrema importância. Elas podem trazer maior consciência sobre seu papel como facilitador.

- Que estados estou criando como facilitador?
- Como podemos criar estados para encontrar soluções?

Exemplo:

Uma simples prática pode ajudar a entender melhor o trabalho com os estados de consciência. Em duplas, uma pessoa se concentra e procura chegar ao estado de presença e totalidade. Enquanto isso, a outra pessoa assume o papel de observador. O observador busca se conectar com o estado de seu parceiro.

Após alguns minutos, conforme a sinalização do facilitador, a primeira pessoa cria uma imagem em seu campo mental e o observador procura sentir e se ligar a esse campo sutil, em total silêncio.

Depois de alguns minutos de conexão entre os dois, o exercício termina com um compartilhamento. Em seguida, trocam-se os papéis da dupla.

	TEMPO	ATIVIDADE
0	2	Selecionar o contador do caso e o controlador do tempo.
1	10-15	O contador do caso declara: • Sobre qual situação quer falar? • Qual é a sua intenção? • Quais são seus limites (do que precisa desapegar-se e o que precisa aprender)? • Em que você gostaria de ter ajuda? Ouvintes podem fazer poucas perguntas com caráter elucidativo.
2	2	Silêncio • Conecte-se com seu coração ao que você está ouvindo. • Fique atento a imagens, sentimentos e sensações corporais que lhe ocorrem.
3	7	Reproduzindo imagens e sentimentos. • Cada ouvinte compartilha imagens, sentimentos e sensações percebidas.
4	30	Diálogo generativo e reflexivo. • O contador do caso reflete sobre as imagens, emoções e sensações compartilhadas pelos ouvintes. • Diálogo generativo — os ouvintes fazem perguntas que possam servir ao contador do caso.
5	10	Pontos finais. • Ouvintes: oferecem insights e possíveis ações. • Contador do caso: relata o que mudou para ele. • O que vê de diferente na situação agora (mente)? • Sente-se diferente do que se sentia (coração)? • Que intenções e ações emergiram (vontade)? Agradecimento.
6	3	Escrita individual para capturar os pontos principais aprendidos.

Fonte: Marian Goodman, *Presencing Institute*, Teoria U.

Clínica de caso 1.0

1. Contador do caso: apresenta em 10 minutos uma situação corrente, concreta e importante em que esteve envolvido e que precisa ser superada. Identifica e relata seus limites: do que precisa se desapegar e o que precisa aprender.

2. Ouvintes: escutam atenta e profundamente — não tentando achar soluções para o problema, mas mantêm-se concentrados nas imagens, sentimentos e sensações que o caso evoca.

3. Controlador do tempo: um dos ouvintes controla o tempo.

Estados de consciência na facilitação e consultoria — possíveis aprendizados, benefícios ou resultados:

- Uma atividade com os estados de consciência é a forma de acessar os recursos internos para lidar com as situações na vida.

- Trabalhando com os estados de maneira habilidosa, o facilitador pode contribuir para que os participantes acessem o potencial mais pleno, pela ampliação da consciência ou até mesmo por meio de picos de consciência.

SOMBRA NA CONSULTORIA E FACILITAÇÃO

Da mesma maneira que a sombra (nos moldes que já abordamos aqui existe na psiquê do ser humano, ela também é um poderoso aspecto da psiquê coletiva, fazendo parte da cultura organizacional, das relações etc.

Assim, um trabalho de integração da sombra coletiva é importantíssimo para a transformação organizacional e para as relações, pois possibilita — pelo caminho de identificação dos aspectos inconscientes, trazendo-os à consciência — um processo poderoso de integração e fortalecimento.

Sombras sempre são manifestações de um desconforto persistente que temos com alguém, presente ou não, e que afeta nossa qualidade de presença e de relação. Um facilitador atento ao impacto da sombra pode fazer uso de recursos para intervir e liberar a energia contida nessa dinâmica.

Em nossos trabalhos com clientes, deparamos com situações como essas. Em uma delas, durante um *workshop* com gerentes em que eles deveriam estabelecer combinados de relacionamentos com os diretores, percebemos que um determinado grupo alimentava uma forte sombra com um dos diretores. Por mais verdadeiras que fossem as queixas sobre o comportamento dele, o fato é que todos estavam fortemente ativados e fechados para se relacionar com ele de forma espontânea, ou seja, estavam projetando suas sombras sobre ele também.

Imediatamente foi necessário separar esse grupo para o "Exercício 3, 2, 1 da Sombra" (*veja o vídeo sobre como funciona este exercício no link* https://www.youtube.com/watch?v=Seb9rle3ISQ&t=3s). Sabíamos que, se isso não fosse atenuado, todo o trabalho do workshop seria afetado.

Logo após, o grupo já se sentia muito mais leve e disposto a encarar a situação sem se perturbar emocionalmente e, por consequência, melhorando as reações desse diretor. Em paralelo, durante um processo de *coach*, foram trabalhados com ele esses seus comportamentos nocivos como líder.

Sombra na consultoria e facilitação — possíveis aprendizados, benefícios ou resultados:

- Um dos maiores benefícios do trabalho com a sombra é a liberação de uma energia que, de outra maneira, gastaríamos ocultá-la dentro de nós. Mantê-la é um trabalho pesado. É preciso muita energia para esconder constantemente de nós mesmos nossos aspectos indesejáveis. O trabalho com a sombra libera essa energia, que pode então ser usada para o crescimento e transformação.
- Além de aliviar a dor e o sofrimento inerentes à luta com questões psicodinâmicas, o trabalho com a sombra pode fazer a diferença entre crescimento e estagnação.

Dar permissão a algumas das emoções mais dolorosas pode ser realmente necessário para alcançar níveis mais profundos de entendimento.

- Diane Musho Hamilton

UM ROTEIRO POSSÍVEL
Roteiro de entrevista para Diagnóstico do Metamodelo Integral de Gestão

A realização de entrevistas é uma importante fase numa jornada utilizando o **Metamodelo Integral de Gestão** em uma organização. A ideia aqui é colher a perspectivas de diversas fontes distintas, de preferência representando os níveis hierárquicos, setores e perfis de pessoas, para montar um caleidoscópio de percepções que permitam aos integradores ampliar a visão, incorporando novos elementos e enriquecendo o diagnóstico da situação atual da organização.

Durante a fase de entrevistas, se possível, vale alternar duplas de entrevistadores e que um possa conduzir a conversa e o outro fique mais no registro, na percepção de elementos não verbais que contribuam para a riqueza da interpretação e para incluir uma ou outra pergunta quando necessário. Diferentes duplas ajudam a enriquecer a visão e diminuir o viés de interpretação, da mesma maneira que diversos perfis de entrevistados. Após a colheita de entrevistas, o grupo de entrevistadores pode se reunir num exercício de interpretação, utilizando obviamente a estrutura do Metamodelo para encadear os principais pontos de atenção que serão trabalhados para causar o impacto desejado no sistema como um todo.

Como em todas as fases da jornada de cocriação com o cliente, é necessário ter um ponto focal dentro da organização, uma pessoa normalmente do setor de Gestão de Pessoas ou Recursos Humanos que cuide das agendas e dos espaços onde serão feitas as entrevistas. Também é importante que esse profissional ajude na preparação das pessoas, para que elas estejam o mais disponível e confortável possível em contribuir, sabendo que não estão sendo avaliadas nem testadas. E mais: podem cooperar na jornada de desenvolvimento em curso com sua valiosa visão e opinião.

A seguir, você encontra uma sugestão de roteiro para as entrevistas, mas que pode ser adaptado e fluido num formato de conversa, conforme os entrevistadores percebam os temas pelos quais o entrevistado está em melhor condição de contribuir.

Preparação

1. Antes da entrevista, conecte-se com seu propósito de estar a serviço da evolução daquele sistema. Em seguida, conecte-se com a parte do entrevistado que também está empenhado na evolução daquele sistema.

2. Apresente-se e certifique ao entrevistado sobre a intenção da entrevista: não se trata de uma avaliação sobre ele, mas como a visão dele contribuirá para o diagnóstico sobre a organização como um todo.

3. Se pretende gravar a entrevista, peça a permissão, informando que ela será usada apenas para anotações e não será divulgada. Reforce que ela é confidencial e que, no relatório final, não constará nenhuma menção a falas pessoais dos entrevistados.

INDIVÍDUO

4. Solicite um breve histórico do entrevistado antes de chegar à organização: estudos, trabalhos, experiências, algum fato importante.

5. Como você chegou à organização? O que o atraiu? Está satisfeito? (Significado).

6. A organização atende a seu Propósito de Vida? (Significado).

7. Vocês (você + a organização) querem a mesma coisa? (Significado).

8. Em que você acredita? (Modelo Mental / procurar nível de consciência, linhas de desenvolvimento, perfil etc.).

9. O que é importante para você no trabalho? (Modelo Mental /Motivação).

10. O que mais o desafia? (Modelo Mental / Motivação).

11. O que o motiva? O que o desmotiva? (Motivação).

RELAÇÕES

12. Como são as relações entre pares em seu time? E com a direção? O trabalho é mais coletivo ou individual? (Time).

13. Como você avalia o alinhamento de propósito no time? E entre as áreas? (Propósito compartilhado).

14. Quem manda? Como são tomadas as decisões? Há uma hierarquia definida ou algum processo de decisão? (Poder e decisões).

15. Como a equipe lida com conflitos internos? De que maneira são resolvidos? Alguma dificuldade ou desafio entre perfis? (Conflitos).

16. Qual o clima no time? Existem laços estreitos? Amizade, admiração? Confiança, respeito? (Vínculos Afetivos).

ORGANIZAÇÃO

17. Há uma visão clara compartilhada de qual é a direção da organização? (Visão).

18. Como você imagina a organização daqui a uns 10 anos? (Visão).

19. Há uma estratégia clara na organização? Qual é? Ela é seguida? (Estratégia).

20. Como vê a maturidade da execução? Entregam? Sente organização? Há alinhamento com a Estratégia? (Execução).

21. Como são os Processos? Os fluxos são claros? Atendem, são eficientes? (Execução / Processos).

22. Há Metas? São individuais ou coletivas? Como funcionam? (Metas).

IDENTIDADE

23. Qual é a razão de ser da organização? Tem um propósito claro, percebido e difundido no dia a dia? (Propósito).

24. Os valores são expressos? Quais são? Têm sido vistos no dia a dia? As decisões são tomadas com base neles? (Princípios Perenes).

25. Há coesão da identidade com a entrega e comunicação com seus públicos? Qual é a imagem da empresa? (Marca / Proposta de Valor).

CULTURA

26. Poderia citar sinais da cultura da organização? (Ritos).

27. Você mudaria algo na cultura? O que? (Hábitos).

28. A cultura da organização influencia você? Sente-se parte? (Influência e Pertencimento).

29. Como é comemorado um sucesso na equipe? Como repercute um fracasso? Como lidam com o erro? (Sucesso e Fracasso).

30. O que é dito é aplicado internamente? (*Walk the Talk*).

RESULTADOS

31. Como avalia o momento atual da organização? (Momento Atual).

32. O que vem mudando e mudará com o crescimento? Para você, clientes, resultados, sociedade? (Mudanças).

33. Quais as expectativas para os próximos 18 meses? (Curto Prazo).

34. Quais os maiores desafios no processo? (Desafios).

35. Como têm sido os resultados? (Resultados). São apenas citados os econômicos?

36. Que outros resultados? Ambientais? Sociais? Culturais? Tecnológicos? Relações humanas? Estão deixando um legado? Gerando impacto positivo? Há um olhar para isso na organização? (Metacapitais).

LIDERANÇA

37. Qual o papel da liderança na organização? São alinhados ao Propósito?

38. Como você exerce seu papel de liderança na organização?

39. Há autonomia? Delegação? Como é a comunicação entre os níveis?

APRENDIZAGEM

40. Como vocês aprendem na organização? Quais as práticas de aprendizado? (Formações, programas, processos...).

41. Existe alguma prática de coleta dos aprendizados ou inteligência do grupo? (Inteligência Coletiva).

42. Você considera a organização inovadora? Como funciona? Qual o processo? (Inovação).

43. Como acontecem as avaliações e os *feedbacks*? Você recebe? São personalizados? Funcionam? (*Feedback* / Resultados).

MACROAMBIENTE

44. A organização busca entender o que está acontecendo no mundo? Como ela lida com os cenários externos?

45. Como a organização tem sido impactada e de que modo ela influencia o mundo? (Política, economia, legislações, comunidade...).

46. Quem são os principais *stakeholders* da organização? Como é o relacionamento com eles? (Interfaces).

47. Quais são as principais incertezas que impactam a organização (neste momento e no futuro)? (Incertezas).

48. Como a organização lida com essas incertezas? A organização se prepara para as mudanças no contexto externo? (Incertezas).

CARTAS DO METAMODELO DE GESTÃO

Uma Ferramenta Lúdica para Facilitação de Grupos

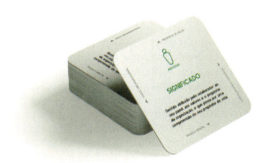

Uma ferramenta disponibilizada pela Chie Integrates é o baralho **Cartas Metamodelo**. Um conjunto de 108 cartas quadradas, que podem ser manipuladas em grupos presenciais (ou individualmente), para facilitar exercícios de reflexão, aprendizagem e cocriação nos temas associados ao Metamodelo.

As cartas funcionam como "blocos de Lego de conceitos" e podem ser combinadas e usadas de diversas formas, conforme a intenção e a criatividade de quem propor a atividade.

São 23 **Cartas Metamodelo** que trazem os elementos da estrutura do Metamodelo, como, por exemplo: Modelo Mental, Relações de Poder e Estratégia (elementos presentes na *Fig. 12*). Em seu verso, existem perguntas investigativas a respeito daquele elemento específico. Então, pode-se iniciar um exercício pela "estrutura" (frente das cartas) e depois identificar as perguntas para olhar a "realidade" de uma organização. Esse talvez seja um caminho interessante no estudo do Metamodelo e suas implicações na realidade. Ou então pode-se partir das perguntas do verso das cartas, investigando a realidade de uma determinada organização, e desdobrar o conhecimento montando a estrutura do Metamodelo. Esse caminho seria interessante quando o mais importante no momento é a aplicação do Metamodelo num caso real. Nesse caso, entender a realidade da organização precede a estrutura do Metamodelo. Em outras palavras, quando o objeto do estudo é o Metamodelo, o melhor é começar pela face da estrutura do Metamodelo. Quando o objeto de estudo é uma organização, o melhor é começar pela face de perguntas.

Cartas dos Elementos do Metamodelo Integral de Gestão – O verso contém perguntas de investigação e a frente traz a descrição do elemento.

As demais cartas apresentam conteúdos ou conceitos específicos relacionados aos 23 elementos da estrutura do Metamodelo, desdobrados nos quatro principais Níveis de Consciência encontrados nas organizações: Âmbar, Laranja, Verde e Teal. Como metáfora, as 23 cartas dos elementos do Metamodelo representam as divisões de uma espécie de "estante" de uma livraria, organizadas por tema, e as Cartas dos Níveis representam os "livros" que ocupam cada espaço. Por exemplo, a carta de elemento do Metamodelo "Modelo Mental" possui, em correspondência, as cartas de conceito: "Conformista" (Nível Âmbar), "Racional" (Nível Laranja), "Relativista" (Nível Verde) e "Sistêmico" (Nível Teal). As cores e os ícones das cartas ajudam no exercício de composição desses agrupamentos, funcionam como os naipes e os números de um baralho comum.

O verso das Cartas dos Níveis, em vez de perguntas, como nas cartas dos elementos da estrutura do Metamodelo, oferece soluções, aplicações ou práticas para desenvolver ou implementar tal conceito. Suponhamos, então, que uma das conclusões do exercício feito com as cartas aponta que seria importante desenvolver o Modelo Mental Sistêmico nos indivíduos de determinada organização. Essa carta então contém algumas sugestões de caminho para isso: "Prática de Vida Integral, *Embodiment*, *Journaling*, Meditação/*Mindfullness*, Visualizações, Imunidade à Mudança".

A seguir, veja o roteiro de uma dinâmica possível que usa o baralho.

Cartas dos Níveis de Maturidade da Organização – O verso contém práticas e intervenções e a frente traz a descrição do conceito.

DINÂMICA EM GRUPO: DIAGNÓSTICO ORGANIZACIONAL COM AS CARTAS METAMODELO

Quantidade de participantes: de cinco a 14 pessoas.

Tempo de duração: três horas.

Material: um conjunto de Cartas do Metamodelo, papel e caneta para anotações, *post-its* pequenos de quatro cores e canetas hidrográficas coloridas.

Objetivo: descobrir *gaps* ou pontos críticos e oportunidades de desenvolvimento da uma organização, pela lente do Metamodelo, levantando alguns caminhos ou hipóteses de intervenção.

Preparação:

Ao menos um dos participantes deverá ser representante da organização analisada, podendo ser um gestor, um fundador ou até mesmo alguém externo que tenha um bom conhecimento sobre a empresa em questão.

Uma boa alternativa é fazer essa atividade com uma equipe de um departamento ou de diversas áreas, em que todos ou quase todos sejam membros. Ainda assim, será necessário que um dos participantes assuma a posição de representante, idealmente aquele de maior conhecimento, hierarquia ou tempo de casa. Todos se acomodam em uma sala confortável, munidos de bloco de anotações.

Dinâmica:

1. O representante apresenta a organização analisada aos demais participantes. Ele deve pontuar as informações que julga mais importantes a respeito dela e seus principais desafios e problemas enfrentados no momento. O tempo sugerido para essa fase é de 10 minutos (propositalmente um tempo curto, que exigirá do representante um bom poder de síntese e foco nos aspectos mais relevantes).

Durante a fala dele, os demais participantes fazem em silêncio as suas anotações (não recomendamos perguntas nem comentários nesse momento para não atrapalhar o fluxo do processo e atrasar o restante da atividade. Haverá tempo suficiente para trocas).

2. O representante distribui as 23 cartas da estrutura do Metamodelo aos participantes. Ele pode ser incluído ou não no exercício, a critério do grupo. A separação das cartas dependerá da quantidade de participantes. O tempo estimado para essa distribuição é de cinco minutos. A seguir, veja um quadro com possíveis combinações:

PARTICIPANTES	DISTRIBUIÇÃO SUGERIDA DE CARTAS
5	**P1:** 3 cartas do Macroambiente e 3 cartas da Identidade, **P2:** 5 cartas dos Indivíduos, **P3:** 5 cartas das Relações, **P4:** 5 cartas da Organização, **P5:** 1 carta de Liderança e 1 carta de Aprendizagem.
6	**P1:** 3 cartas do Macroambiente, **P2:** 3 cartas da Identidade, **P3:** 5 cartas dos Indivíduos, **P4:** 5 cartas das Relações, **P5:** 5 cartas da Organização, **P6:** 1 carta de Liderança e 1 carta de Aprendizagem
7	**P1:** 3 cartas do Macroambiente, **P2:** 3 cartas da Identidade, **P3:** 5 cartas dos Indivíduos, **P4:** 5 cartas das Relações, **P5:** 5 cartas da Organização, **P6:** 1 carta de Liderança, **P7:** 1 carta de Aprendizagem.
8	**P1:** 3 cartas do Macroambiente, **P2:** 3 cartas da Identidade, **P3:** 3 cartas dos Indivíduos, **P4:** 2 cartas dos Indivíduos, **P5:** 5 cartas das Relações, **P6:** 5 cartas da Organização, **P7:** 1 carta de Liderança, **P8:** 1 carta de Aprendizagem.
9	**P1:** 3 cartas do Macroambiente, **P2:** 3 cartas da Identidade, **P3:** 3 cartas dos Indivíduos, **P4:** 2 cartas dos Indivíduos, **P5:** 3 cartas das Relações, **P6:** 2 cartas das Relações, **P7:** 5 cartas da Organização, **P8:** 1 carta de Liderança, **P9:** 1 carta de Aprendizagem.
10	**P1:** 3 cartas do Macroambiente, **P2:** 3 cartas da Identidade, **P3:** 3 cartas dos Indivíduos, **P4:** 2 cartas dos Indivíduos, **P5:** 3 cartas das Relações, **P6:** 2 cartas das Relações, **P7:** 3 cartas da Organização, **P8:** 2 cartas da Organização, **P9:** 1 carta de Liderança, **P10:** 1 carta de Aprendizagem.
11	**P1:** 3 cartas do Macroambiente, **P2:** 2 cartas da Identidade, **P3:** 1 carta da identidade, **P4:** 3 cartas dos Indivíduos, **P5:** 2 cartas dos Indivíduos, **P6:** 3 cartas das Relações, **P7:** 2 cartas das Relações, **P8:** 3 cartas da Organização, **P9:** 2 cartas da Organização, **P10:** 1 carta de Liderança, **P11:** 1 carta de Aprendizagem.

12	**P1:** 3 cartas do Macroambiente, **P2:** 1 carta da Identidade, **P3:** 1 carta da identidade, **P4:** 1 carta da Identidade, **P5:** 3 cartas dos Indivíduos, **P6:** 2 cartas dos Indivíduos, **P7:** 3 cartas das Relações, **P8:** 2 cartas das Relações, **P9:** 3 cartas da Organização, **P10:** 2 cartas da Organização, **P11:** 1 carta de Liderança, **P12:** 1 carta de Aprendizagem.
13	**P1:** 2 cartas do Macroambiente, **P2:** 1 carta do Macroambiente, **P3:** 1 carta da Identidade, **P4:** 1 carta da identidade, **P5:** 1 carta da Identidade, **P6:** 3 cartas dos Indivíduos, **P7:** 2 cartas dos Indivíduos, **P8:** 3 cartas das Relações, **P9:** 2 cartas das Relações, **P10:** 3 cartas da Organização, **P11:** 2 cartas da Organização, **P12:** 1 carta de Liderança, **P13:** 1 carta de Aprendizagem.
14	**P1:** 1 carta do Macroambiente, **P2:** 1 carta do Macroambiente, **P3:** 1 carta do Macroambiente, **P4:** 1 carta da Identidade, **P5:** 1 carta da identidade, **P6:** 1 carta da Identidade, **P7:** 3 cartas dos Indivíduos, **P8:** 2 cartas dos Indivíduos, **P9:** 3 cartas das Relações, **P10:** 2 cartas das Relações, **P11:** 3 cartas da Organização, **P12:** 2 cartas da Organização, **P13:** 1 carta de Liderança, **P14:** 1 carta de Aprendizagem.

3. Cada participante então buscará em suas anotações informações relacionadas aos temas de suas cartas. Ele deverá transcrevê-las em *post-its*, separando as informações por cor de post-it conforme convencionado pelo grupo (exemplo: anotar informações positivas no *post-it* verde, as neutras ou ambíguas no *post-it* amarelo, as negativas no *post-it* laranja; e guardar o *post-it* azul para usar posteriormente para *insights* e soluções). O ideal é que ele concentre todas as informações positivas sobre determinada carta em um mesmo *post-it*, assim como as negativas e as neutras; gerando no máximo três *post-its* por carta (uma de cada cor). O tempo sugerido para essa tarefa é de 15 minutos. **IMPORTANTE:** (1) Nessa fase os participantes ainda devem evitar seus próprios julgamentos, concentrando-se na interpretação dada pelo representante. (2) Se o participante tiver dúvida se alguma informação é positiva ou negativa, deverá escrever esta informação no *post-it* amarelo. (3) Se não houver nenhuma informação associada a alguma carta, o participante deverá colocar um sinal de interrogação (?) também em um *post-it* amarelo.

4. Agora é hora de montar a estrutura do Metamodelo sobre uma mesa ou superfície. Cada jogador coloca suas cartas ordenadas pelo esquema do Metamodelo, com seus *post-its* juntos. Eles devem ser alinhados na sequência lógica: cartas de Macroambiente, de Identidade, de Indivíduo, de Relações, de Organização, de Liderança e Aprendizagem. O tempo sugerido para essa fase é de 10 minutos.

5. Provavelmente, haverá alguns buracos e dúvidas dos participantes. É hora de confirmarem com o representante sobre as cartas que acompanham os *post-its*. Pode ser que ele não possa solucionar às dúvidas. Nesse caso, eles devem manter a interrogação. Pode ser que ele saiba e não tenha comunicado anteriormente. Aí ele responde, e o participante responsável por aquele tema anota em um *post-it* e coloca junto à carta associada. Pode ser que não exista mesmo nenhuma atenção da organização sobre aquele tema. Nesse caso, deve-se incluir um asterisco no *post-it* daquela carta, realçando aquele ponto como de atenção. O tempo sugerido para essa fase é de 20 minutos.

IMPORTANTE: O representante, ao ver os *post-its* e as cartas sobre a mesa, poderá ter *insights* e lembrar de dados importantes não falados anteriormente. Ele deve mencionar a omissão apontando para a carta em questão. Da mesma forma, o participante responsável por aquele tema deverá anotar a informação dada no *post-it* associado.

6. Uma vez que as dúvidas e as omissões forem resolvidas, será mais fácil observar o padrão de cartas, desafios e pontos positivos distribuídos pela estrutura do Metamodelo. Então, é o momento de o grupo debater livremente as percepções sobre aquela "tapeçaria" de informações. Onde parece haver menor atenção da gestão da organização? Onde podem estar os maiores desafios? Onde há mais estrutura e força? Como os temas se relacionam? Importante que o grupo faça anotações dos *insights* nos *post-its* com a quarta cor e coloque-os sobre a mesa junto com as cartas associadas. O tempo sugerido para isso é de 20 a 40 minutos, conforme a disponibilidade do grupo e do espaço para debate.

7. O representante agora distribuirá as cartas restantes com os conceitos dos Níveis de Consciência. São quatro cartas (uma de cada nível) para cada elemento do Metamodelo. Ele deve utilizar o mesmo critério das cartas entregues no primeiro momento. O tempo estimado é de 10 minutos.

8. Em um novo exercício individual silencioso, os participantes analisam as suas cartas e tentam interpretar qual é o principal estágio ou nível atual exercido na organização e se ele está sendo vivido de forma saudável ou se está com anomalias ou patologias. Ele deve escolher a carta associada e escrever a saúde ou a patologia desse aspecto da organização no *post-it* de cor associada. **IMPORTANTE:** Ele pode consultar o representante para tirar dúvidas ou colher alguma informação a mais. O tempo estimado é de 20 minutos para um grupo de até nove pessoas e de 10 minutos para um grupo de 10 a 14 pessoas. Grupos maiores precisam de menos tempo, pois nesses casos cada indivíduo terá em mãos menos informações para analisar.

9. Novamente por ordem de tema, os participantes sobrepõem os elementos do Metamodelo na mesa pelas cartas dos conceitos associados que eles escolheram em sua reflexão. Agora, uma nova camada de reflexão surge, que são os Níveis de Consciência e a sua saúde no sistema. O grupo passa a debater e refletir sobre qual é o nível predominante na organização. Há discrepâncias entre níveis em algum aspecto? Quais os níveis e as dimensões que aparecem mais saudáveis e quais aparecem com mais patologias? Onde estão os maiores desequilíbrios? É possível/preferível puxar a organização para um nível superior ou estruturar e melhor equilibrar o nível atual? Nessa reflexão, o grupo novamente anota insights nos *post-its* da cor combinada e os deposita sobre a mesa. O tempo estimado para essa fase é de 30 minutos.

10. Para finalizar, o grupo deverá eleger os três ou quatro aspectos mais importantes para alavancar todo o sistema e quais iniciativas poderiam ser feitas sobre cada um desses temas para desenvolvê-lo. Para isso, eles poderão utilizar as sugestões do verso da carta daquele tema específico, com dicas de práticas e intervenções para aquele assunto. Após o registro, a atividade pode se encerrar com uma palavra de aprendizado ou de apreciação de cada participante durante o encontro. O tempo estimado é de 20 minutos.

CAPÍTULO 6: CONSULTORIA E FACILITAÇÃO
183

Ilustração simulando a organização das cartas com os elementos da estrutura do Metamodelo com os post-its após a fase 4.

Ilustração simulando a organização de uma parte das cartas com os níveis da gestão sobrepostos aos elementos do Metamodelo, após a fase 9.

Percebe-se no exemplo uma discrepância importante entre os níveis da gestão, sendo que a dimensão organizacional (à esquerda) sustenta o Nível Verde, mas a dimensão dos indivíduos e das relações "puxam" a organização para os Níveis Âmbar e Laranja, criando dicotomias importantes.

O PROPÓSITO DA FERRAMENTA

As Cartas do Metamodelo têm a intenção de facilitar a visualização da forma como esses temas todos se entrelaçam e se relacionam como uma tapeçaria, ajudando no processo de fixação do encadeamento de ideias e reflexões sistêmicas que são o cerne do tipo de cognição envolvida na aplicação do Metamodelo.

Assim, ele é um excelente exercício para ser feito individualmente, em duplas ou grupos, para auxiliar na fixação de conceitos e dinâmicas e pode ser usado como suporte na transmissão de conhecimento entre parceiros de trabalho, no exercício de coaching ou mesmo por consultores e integradores com seus clientes.

Em um grupo um pouco mais experiente na utilização do Metamodelo, pode ser uma forma lúdica e leve de realizar diagnósticos e desenhar intervenções reais com os clientes ou em suas próprias organizações. As Cartas do Metamodelo ajudam a estabelecer um código comum que serve na transmissão de conhecimento e disseminação da cultura integral nas organizações.

"Não se envolva em problemas parciais, procure sempre alçar voo para um local de visão ampla sobre um grande problema, mesmo que a visão ainda não seja clara."

- Wittgenstein

REFERÊNCIAS

LEITURA:
- *A Fonte Não Precisa Perguntar pelo Caminho*; Bert Hellinger.
- *An Everyone Culture: Becoming Deliberately Developmental Organization*; Robert Kegan.
- *An Overview of Integral Theory*; Sean Esbjorn-Hargens.
- *Crescendo com o Eneagrama na Espiritualidade*; Domingos Cunha.
- *Dear Lover*; David Deida.
- *Dimensão Espiritual do Eneagrama*; Sanda Maitri.
- *Eneagrama y Éxito Personal*; Ginger Lapid-Bogda.
- *Espiritualidade Integral*; Ken Wilber.
- *Family Constellations: an innovative systemic phenomenological group process from Germany*. The Family Journal July 2006 vol. 14 no. 3, 226-233; Dan Cohen Booth.
- *Graça e Coragem*; Ken Wilber.
- *Liderar a Partir do Futuro Que Emerge: a evolução do sistema econômico ego-cêntrico para o eco-cêntrico*; Otto Scharmer, Katrin Kaufer.
- *Meditação Integral*; Ken Wilber.
- *O Caminho do Homem Autêntico*; David Deida.
- *O Eneagrama, as 9 Faces da Alma*; Richard Rohr, Andreas Ebert.
- *Ordens da Ajuda*; Bert Hellinger.
- *Ordens do Amor*; Bert Hellinger.
- *Prática da Vida Integral*; Ken Wilber, Terry Patten, Adam B. Leonard, Marco Morelli.
- *Reinventando Organizações*; Frederic Laloux.
- *Sabedoria do Eneagrama*; Don Richard Riso, Russ Hudson.
- *I Carry Your Heart in My Heart: Family Constellations in Prison*. Dan Cohen Booth.
- *Tetra Dynamics Methodology*; Sean Esbjorn-Hargens.
- *The Future of Leadership for Conscious Capitalism*; Barrett Brown.
- *Visão Integral*; Ken Wilber.

FILMES E VÍDEOS:

- *Sociedade dos Poetas Mortos* (1989).
- *Eneagrama – grande debate* - https://www.youtube.com/watch?v=n_yX_HQByS8
- *Fonte da Vida* (2006).
- *Luz e Sombra* com Del Mar Franco e Marcelo Cardoso em Diálogos 81, https://www.youtube.com/watch?v=vy2WzhPEMCg
- *Mundo Eneagrama* - http://mundoeneagrama.org/tag/enneagram-institute
- *O Efeito Sombra*; Debbie Ford, Deepak Chopra – https://www.youtube.com/watch?v=YX3MKbqdeJA
- *O Que É Eneagrama* – https://www.youtube.com/watch?v=Dhq7Y6gEk2I
- *Patch Adams: O Amor é Contagioso* (1998)
- *Quem Somos Nós* (2004).
- *Reinventing Organizations*; Frederic Laloux - https://www.youtube.com/watch?v=gcS04BI2sbk
- *The Enneagram Institute* - https://www.enneagraminstitute.com
- *The Presencing Institute, Teoria U* – https://www.presencing.com/theoryu
- Outros filmes recomendados: *A Jornada da Alma, Batman Begins, Beleza Americana, Cisne Negro, Clube da Luta, Eu, Eu Mesmo & Irene,* os 3 filmes *Matrix* (em especial o filme 3), *Os Contos Proibidos do Marquês de Sade, V de Vingança.*

BIBLIOGRAFIA

ADLER, A (1956) *The Individual Psychology of Alfred Adler*. Harper Torchbooks, New York.

BERGER, J; Johnston, K (2015) *Simple Habits for Complex Times*. Stanford University Press, Stanford.

FRANKL, V (2006) *Man's Search for Meaning. An Introduction to Logotherapy*. Beacon Press, Boston.

JOHNSON, B (2014) *Polarity Management: Identifying and Managing Unsolvable Problems*. HRD Press, Amherst.

KEGAN, R; Lahey, L (2009) *Immunity to Change: How to Overcome it and Unlock Potential in Yourself and your Organization*. Harvard Business Press, Boston.

KEGAN, R; Lahey, L; Miller, M; Fleming, A; Helsing, D (2016) *An Everyone Culture: Becoming a Deliberately Developmental Organization*. Harvard Business Review Press, Boston.

LALOUX, F (2014) *Reinventing Organizations: A Guide to Creating Organizations Inspired by the Next Stage of Human Consciousness*. Nelson Parker, Brussels.

LANGER, E (1997) *The Power of Mindful Learning*. Addison-Wesley, Reading.

LOGAN, D; King, J; Fischer-Wright, H (2011) *Tribal Leadership: Leveraging Natural Groups to Build a Thriving Organization*. Harper Business, New York.

MINTZBERG, H; Ahlstrand, B; Lampel, J (2005) *Strategy Safari: A Guided Tour Through the Wilds of Strategic Mangament*. Simon and Schuster, New York.

MLODINOW, L (2016) *The Upright Thinkers: The Human Journey from Living in Trees to Understanding the Cosmos*. Vintage, New York.

MORIN, E (1977-2004) *Method: Towards a Study of Humankind (6 volumes)*. Peter Lang, Bern.

PINK, D H (2009) *Drive: The Surprising Truth About What Motivates Us*. Riverhead Books, New York.

ROBERTSON, B (2015) *Holacracy: the new management system for a rapidly changing world*. Henry Holt and Company, New York.

SCHARMER, O (2007) *Theory U: Leading from the Future as it Emerges*. The Society for Organizational Learning, Cambridge.

SELIGMAN, M (2011) *Flourish: A Visionary New Understanding of Happiness and Well-being*. Free Press, New York.

SNOWDEN, D J; Boone, M E (November 2007) *"A Leader's Framework for Decision Making"*. Harvard Business Review, 69–76. PMID 18159787.

TALEB, N (2007) *The Black Swan: The Impact of the Highly Improbable*. Random House, New York.

TALEB, N (2012) *Antifragile: Things That Gain from Disorder*. Random House, New York.

TAYLOR, C (2005) *Walking the Talk: Building a Culture for Success*. Random House, London.

TEILHARD DE CHARDIN, P (1999) *The Human Phenomenon*. Sussex Academic, Brighton.

WATKINS, A; Wilber, K (2015) *Wicked & Wise: How to Solve the World's Toughest Problems*. Urbane Publications, Rochester.

WILBER, K (1995) *Sex, Ecology, Spirituality: The Spirit of Evolution*. Shambhala Publications, Boulder.

WILBER, K (2000) *A Theory of Everything: An Integral Vision for Business, Politics, Science and Spirituality*. Shambhala Publications, Boulder.

OBRIGADO E SINTO MUITO

OBRIGADO

Este livro tem uma relevância simbólica para mim, pois formaliza o encerramento de um ciclo de 20 anos em que um jovem executivo, sedento de autoconhecimento, depois de uma crise existencial, decide trabalhar pelo propósito de trazer consciência para indivíduos e organizações.

Nesta jornada, há muito o que e a quem agradecer, começando pelos meus pais e à vida e à resiliência que fluiu até mim através de meus ancestrais.

Agradeço ao doutor Reynaldo Leite, que já desencarnou, mas que abriu espaços de evolução espiritual para além da minha imaginação.

Quase toda a minha jornada profissional está entrelaçada no meu relacionamento com a Del Mar. Agradeço-a profundamente pela escolha de trilharmos juntos os caminhos de nossa evolução.

Grato aos meus filhos, Ananda e Pedro, de quem me sinto pai, amigo e companheiro de jornada evolutiva.

Tive, até aqui, o privilégio da companhia de muitos mestres, mentores e amigos e seria insensato tentar nomear todos eles. Faço-lhes uma profunda reverência, em agradecimento por tanto aprendizado e oportunidades.

Enfim, gratidão pela vida e seu impulso amoroso.

SINTO MUITO

Reconheço que parte das minhas virtudes são também vícios: inconscientemente, e por muito tempo, reduzi a minha identidade ao meu trabalho. Ainda hoje lido com o desafio de sustentar meus vários papéis e escolher o essencial. Estou longe do equilíbrio. Sinto muito por ter impactado a vida de pessoas queridas e amadas, escolhendo o trabalho quando poderia ter estado mais presente.

Começo pela Fernanda, minha primeira mulher, que dividiu os primeiros passos da jornada com aquele jovem intenso que eu era, e incluo meus filhos que passaram pela experiência da separação dos pais quando ainda eram pequenos. Também me dirijo à Del Mar e aos meus enteados Mari e Carlos que suportaram as minhas crises diante de uma transição desconhecida. Estendo este sentimento aos muitos amigos e colegas que tenham, eventualmente, sofrido com algum impacto de minhas ações, ou com a minha presença inconsciente em algum momento.

Enfim, é importante realçar que este livro é só uma perspectiva baseada na minha experiência e que vai continuar viva e evoluindo.

editora vida integral

www.editoravidaintegral.com.br
contato@editoravidaintegral.com.br
62 9 8119 0075